清净赤子心

小牛杨凯丞与慈济的教养人文

邱淑宜——著

目录

推荐序　小牛给台湾社会的启示　杨仁宏　4
推荐序　不计较的大智慧　谢丽华　7
推荐序　感恩那一年，我们相遇在慈小　谢瑞君　10

第一部　发现初心所在

第一章　初识慈济　17

第二章　随缘，成就好因缘　23

第三章　新环境，心生活　29

第四章　亲近本性，找到"心灵的家"　41

第二部　人生方向的冲突

第五章　妈妈的挣扎　55

第六章　出师不利的"改造计划"　61

第七章　爱与尊重，让妈妈放手　67

第八章　孩子，谢谢你　75

第三部　放手，是得不是失

第九章　妈妈永远在这里　89

第十章　佛法是最圆融的社会学　105

第十一章　人文教育是最好的教育理念　115

第四部　回归清净赤子心

第十二章　师公上人的小牛　129

第十三章　最小的随师弟子　139

第十四章　令人惊叹的心得分享　147

第十五章　向小牛看齐　159

推荐序
小牛给台湾社会的启示

杨仁宏

　　第一次遇见凯丞是在静思精舍，转眼已是近两年前的事，当时我第一眼就被凯丞清澈、纯真又有些腼腆的眼神所吸引，觉得这个小孩与一般孩子有些不同。如何不同？真的很难形容，但你就是可以感觉得到！

　　我想除了凯丞与生俱有的特质外，凯丞洁净剔透的赤子心，是由他的妈妈与家人的感恩、包容、尊重与爱的因缘交织而成；通过后天教养，将一块璞玉去芜存菁，让此瑰宝逐渐孕育绽放光芒，凯丞的妈妈苏美娟无疑是背后坚定的推手。

　　十二岁的凯丞话不多，我看到他时，他总是以专注的眼神，静静地聆听上人说法；他也默默地观察慈济志工师姑师伯的分享，并随时做笔记，几个小时甚至一整天，专注用心的功力连大人都自叹弗如，凯丞居然很轻松地做到了！这真是"甘愿做，欢喜受"的最佳体现。

　　凯丞生长在美国，母语是美语而非中文，学习中文时间也不长，但是二〇一三年七月上人行脚时，上人临时要他在上千位慈济人面前分享"静思法脉，慈济宗门""四弘誓愿"及"六个警惕心"，只见他镇定如常、侃侃而谈；当时我对他提出的

"六个警惕心"——要防止傲慢心、倒退心，防止心迷（迷惘心）、躁动心、暴动心、懈怠心，印象至为深刻，内心感动不已。无怪乎证严上人给凯丞的法号叫"诚愿"，期许他发愿坚守原本清净之心。从凯丞的身上再一次印证，"因缘"与"业力"的不可思议。

由于凯丞大部分时间在美国念书，我遇到他的机会也仅止于暑假他回台期间，庆幸有这本书的出版，让我能更进一步认识凯丞与美娟妈妈。美娟妈妈在书中分享其教养子女的心路历程，如何从一开始的彷徨、迷惘，最终找到陪伴凯丞的方向；书中仔细地描绘凯丞与妈妈的互动，时而充满焦虑与矛盾，但更多的时间，我看到的是亲子之间的爱、尊重、包容与感恩。

本书记录着一位小孩，看似平凡却不平凡的一段人生故事；孩子成长过程中的变与不变，也可以让为人父母者去思索，如何在五浊恶世的社会大环境中，来教养我们的下一代。是要在暴力色情电玩泛滥，充满谩骂叫嚣与烦躁不安的恶劣环境中培育我们的孩子吗？还是替孩子寻找一个充满"善知识"的环境呢？

书中提到，"凯丞的英文老师在课堂上念了一篇杀人取乐的惊悚故事，同学听了竟拍手叫好；同学骂凯丞'你是笨蛋！'（You are Nuts!）；孩子价值观偏差，觉得没有人性的残杀'好酷'，视打虫子为乐子，视生命为无物"。今年五月二十一日发生的"台北捷运随机杀人事件"，造成四死二十四伤，充分揭

清净赤子心
小牛杨凯丞与慈济的教养人文

露人性价值的混淆,社会存在一股好勇斗狠、焦躁不安的氛围,更凸显台湾的家庭、学校与社会教育,出现严重问题的大警讯。

正如美娟妈妈所说:"我用我的人生经验来设定儿子要如何成长,自以为凭我的人生经历及阅历,帮孩子铺的路绝对不会错,没想到,却差点抹煞掉他的本性。"有时候为人父母者、教育工作者以及政策制定者,也要反思自己是否"爱之适足以害之",造成教育上的反效果。

证严上人经常勉励人们要学会"感恩、尊重、爱",更开导天下所有的父母,"不要操心孩子,要祝福孩子"。上人所说的"祝福",就是"尊重"的意思,父母提供美善的学习与成长环境的重要性,也许更甚于让孩子接触多元但却价值观混乱的社会;唯有"人心净化",才有机会创造"祥和社会",才能达到"天下无灾难"的人间净土目标。

(作者为慈济大学医学院院长)

推荐序
不计较的大智慧

谢丽华

二〇一三年暑假看到凯丞，和两年前的他相比，长高了不少。

记得二〇一二年第一次看到凯丞随师时，虽然年纪小小，却很认真写笔记，字迹和一般小孩子无异，就是有一股"稚气"。会注意到他，是因为他不只来一个周末，好几个周末，他都静静地坐在那儿听证严上人开示，恬静中带着稚龄小孩少有的专注。

两年后再看到他随师，他开始用平板电脑做笔记，出于好奇，我向他借笔记来看，惊讶地发现，凯丞抓重点和整理笔记的能力，居然比我教的部分大学生还强。有一天，上人跟弟子们对话快两个小时，弟子们有很多烦恼，上人也讲了很多，希望能解开弟子们的烦恼，而凯丞的笔记重点就是："不传是非，不听是非"。太让人惊艳了！我称赞凯丞做得好，他双手合十，轻声地说："感恩"。

那合掌的礼貌，是谦和，是诚恳。几次看他这样合掌回应大人对他的赞赏和爱，我由心底被触动到，并深刻反省——我们多少的感恩只是"口头说说"而已，我们的心是多么的放逸，而这个孩子又是多么能够收摄心念。

有一天,上人因为太忙,于是跟等待开示的慈青学长还有慈青们说,要派凯丞跟他们说话,那天是由我负责向他们介绍凯丞。"上人曾经说过:有一天,小牛(凯丞的小名)可能是慈济未来的执行长。"我如是介绍。

我很好奇,一个十一岁的小孩是如何领会上人这样的期勉?于是我问凯丞:"你觉得师公上人这样说,是称赞,还是压力?"他很淡定、稳重地说:"我觉得是愿力,'有愿就有力'。"你一定想不到会是这样的答案吧?换作是我,如果不是暗地里高兴,就是会有沉重的压力啊!

我长期接触一些散漫的年轻人,更看到许多连人生志向都不清楚的大人;反观凯丞心智的成熟,他已经不只是同龄小孩的榜样,而是许多大人借镜反省的典范。

我自己受惠最多的是听凯丞的妈妈,也就是美娟师姊说凯丞的成长故事。我也常常拿凯丞的故事和学生分享,像是凯丞坚持遵守老师的指示,课业要自己做,若经指导就要被扣分。有一天,凯丞的老师跟妈妈说,凯丞的考卷上,就有这样的注记,上面说有一题是老师指导的;他的老师很赞叹,因为在她的教学经验中,凯丞是第一个这么做的孩子,最后反而给他满分一百分。

对那些只在乎分数,反而不太在乎学了什么的大学生,凯丞的故事,就好像是现代版的"童话故事"——主角善良、正直,不管碰到多大的障碍、挑战,最终还是能够以"诚"与"正",克服难关。

在这本书里,可以看到凯丞与同学在互动中,所展现清净无染的智慧,他影响了同侪,也教导了天下父母和为人师长者,我们不只要有分别好坏的能力,更要有平等慈爱的宽大包容心。在凯丞通透的智慧里,有着非比寻常的感动力,和启发人心的力量。

大人都担心孩子未来的竞争力,现今的教育都在省思,什么是最好的核心能力,怎样的基本素养,才够让学生面对未来;然而在这本书里,我们不只可以看到凯丞和母亲之间,妙趣横生的互动,更让大家见识到,就算大人再如何"聪明"、算计、安排,都比不上这孩子清澈的"智慧"有感染力、影响力。

凯丞示范了清净的智慧,就是为人们带来光明(智是"知"加上"日"),也是心地干净(慧是"扫心")的表现,有大智慧的人,不只不与人计较,对人更没有成见。人性可以直率、纯真,但若少了不计较的智慧,就离开"清净"很远了。

(作者为慈济技术学院人文室主任)

推荐序
感恩那一年，我们相遇在慈小

谢瑞君

二○一○年，美娟带着凯丞从美国回到花莲慈济小学读书、学中文，那也是我回到花莲慈小任教的第一年。四年过去，只能说因缘不可思议，感恩慈济让我们跨越时空，结下一份缘。

记忆中，三年级开学之初，凯丞比同学晚几天到学校。当他进教室之后，我在走廊看见三四个大人，手上拎着刚购买好的学校用品，犹豫讨论着要不要留下来陪孩子，看看凯丞适不适应。当下我跟美娟说："你要趁有车子在花莲，赶快把生活所需的东西买好、住家整顿好；孩子在学校我们会照顾，不用担心，放学再来接就好了。有问题，我会打电话给你。"

后来，凯丞在慈小的生活一切顺利，还为当时的班级制造许多不一样的"效应"。对其他孩子来说，从美国来的凯丞是一个外国人，大家对他的好奇度永远不减。下课时，常常有人绕在他身边，问他美国的住家、学校、生活，和台湾有哪些不一样，还有听他"用英语背九九乘法"！

从全英文转换到全中文的学习环境，加上台湾的功课量，一开始让凯丞真的很辛苦。美娟常对我说："老师，你功课出太多了！"可是，把凯丞找来告诉他，国语生字本只要写别人的一半就好了，孩子却不肯，他不想老师给他"特别优待"。

虽然功课量重，他也不会草草了事，还是坚持一笔一画慢慢地写完，即使写不完，也会叮咛妈妈务必隔天早上早一点叫他起来写。在生活上，凯丞"慢的坚持"，有很多时候是"观察"，待他决定、思考好，就能开始行动，也因为深思熟虑过，事情反而会更顺利。只是，身边的大人需要给他很多的时间与等待，而美娟刚好就有这样的能耐。

三年级的孩子是最天真可爱的阶段，没有低年级的童言无忌，也没有高年级的青春变化。凯丞跟同学相处愉快，因为他的善良，让班上的女生非常喜欢他，喜欢到常不自觉地摸他的头，还会隔三岔五跑来跟我说："老师，他好善良，都不会生气！"此外，慈小原本就提供素食午餐，我们也鼓励孩子可以多吃素，不只拯救地球、爱护动物，更是培养慈悲心的最佳管道。凯丞因为"亲眼目睹杀活鱼，决心不再吃荤"的故事，感动许多同学，让他们愿意在班上推行"大家一起素素看"的活动时，多吃素来成就善行。

一转眼，四年过去，再次见到凯丞，除了身型转变，其他一律不变。发亮纯净的眼眸、腼腆可爱的笑容、谦恭有礼的态度……让关心他的慈济家人们一见就心生欢喜。我告诉凯丞："暑假回到台湾，你要开始习惯这样的'台式热情'啰！"

感恩因缘与精舍师父们，让美娟和凯丞从为了度过周末进精舍当志工，变成全心全意投入的慈济人，还影响了许多人一

> **清净赤子心**
> 小牛杨凯丞与慈济的教养人文

起来认识佛教、认识慈济。

  感恩美娟、凯丞和他的家人们,当时我们总胡乱嚷嚷着,要把你们家的教养故事写下来与人分享,没想到如今愿望实现了!衷心盼望所有的家长,在书中看见各式各样的"可能",然后愿意多陪伴、多倾听孩子们的心声,让他们在充满"善"与"爱"的环境中成长,顺应本性、自在生活!

(作者为花莲慈济小学教师)

第一部

发现初心所在

在美国北加州出生、成长的杨凯丞，由于学习中文进入北加州圣荷西慈济人文学校就读，因而认识慈济；为提升中文能力，凯丞小学三年级时回台湾入学花莲慈济小学，因缘际会与静思精舍和证严上人结缘。

说话轻声细语的凯丞，天性善良柔软，从小连蚂蚁都不忍伤害，三岁时在美国超市目睹杀活鱼，从此不吃荤食。认识慈济后，凯丞惊喜发现，慈济里皆是志同道合的同伴，这种初心所在、"回家"的亲切感，驱使凯丞不断亲近慈济。

第一章

初识慈济

清净赤子心
小牛杨凯丞与慈济的教养人文

在杨凯丞就读北加州慈济圣荷西人文学校前,慈济并不出现在苏美娟一家的生活中,她甚至对慈济毫无所悉,是为了替凯丞寻找适合的中文学习环境,才接触到慈济。

美娟是土生土长的"台北囝仔",读中学时爸爸中风过世,苏妈妈带着子女移居美国,含辛茹苦拉拔孩子长大。美娟因此在美国读书、就业,大学时与来自台北的留学生杨林宏相识结婚。婚后,事业心重的她与杨林宏两人成为自在的丁克族(DINK,意指无生养子女的双薪家庭),夫妻俩原本没有打算养育小孩,不过,后来敌不过亲人担心他们日后后悔,才决定生下唯一的孩子。

美娟一直到结婚后十五年,在三十八岁时生下凯丞。"以前,我和先生看到小孩会皱眉,因为怕吵。"美娟承认,要不是因为她的妈妈一直叨叨念念,自己并不想要当妈妈。

二〇〇二年九月出生的凯丞,和别的孩子不一样,生下来就很安静,美娟常笑说,虽然多了一个成员,但家里真不像有小孩的感觉。个性安稳的小凯丞会站、会走之后,不会乱动东西,外出也不会随意游走,两眼总是专注看着四周,不多声也不多笑,更不随性哭闹,个性温和,从小就很好带。

学中文的因缘

美娟久居美国,生活上早已习惯使用英语,凯丞出生后,美娟对家里这个"台湾之子"也是说英文,凯丞三岁半以前中文完全不通。有一次在台湾的阿公(爷爷)想跟凯丞讲电话,但他完全没办法跟阿公对谈。

阿公失望，美娟也觉得对不起阿公，于是开始在家跟凯丞说国语，但一向温驯，对妈妈的要求配合度也高的凯丞，却意外地排斥学说国语，成效不彰。美娟只好和多数在美国的台湾家庭一样，送孩子到周末上课的中文学校，让别人教。

她打听到一家口碑不错的中文学校，为凯丞报了名，但第一天上课时，凯丞说什么也不让妈妈离开教室，美娟只好留在教室陪他。本来以为陪几堂课后孩子会习惯，"没想到每一次上课，我只要离开他的视线他就哭，老师不忍心，于是要求我留在教室里面陪读。"

"这所中文学校很像台湾传统的学校，功课多、考试多、要背的东西多，凯丞没有中文底子，课业很有压力，很不能适应。"而且所有的家长中，只有美娟一人必须进教室陪读，"很没面子啊！"美娟说。撑了一个学年，母子俩同时从中文学校的幼儿班全勤毕业，美娟决定帮凯丞换个学校。

上网搜寻，美娟发现北加州慈济圣荷西人文学校的网站，浏览一番，知道这是佛教公益团体办的中文学校，虽然她认同慈济济世救人的理念，但娘家信奉的是基督教，自己也是基督徒，她认为把凯丞送到佛教团体办的学校，好像不是很妥当。

后来因为实在找不到其他适合的中文学校，于是她联络北加州慈济分会，参与社区志工活动，希望借这个机会了解慈济及慈济人文学校。"跟慈济接触后，我感受到这个团体的人很有爱心，做事有条理，观念也正向，而且慈济人文学校并不念经拜佛，而是着重中文教学和伦理教育，"美娟笑说，"刚开始我不懂'人文'是什么意思,后来了解原来是有人会教你的孩子尊师重道以及孝顺父母,这对父母而言简直太棒了!"

美娟心想,那就试试吧!她帮凯丞报名慈济圣荷西人文学校后,赶快替他恶补注音符号,最后顺利通过考试,上了注音班。开学前,美娟先跟学校老师报备,凯丞中文底子差,而且依过去的经验,妈妈必须在教室内陪他适应环境,希望老师体谅。

快乐的人文学习

那天是美娟难忘的一天,她带凯丞到学校后,老师很有耐心地用一句中文、一句英文,带凯丞认识教室。上课钟敲响前,老师让凯丞在自己的位子坐定,带着凯丞跟其他小朋友画画。美娟看凯丞似乎没有忐忑不安,于是问他:"妈咪可不可以三小时后再回来接你?"没想到凯丞一口答应:"OK,妈咪 Bye Bye!"

真的不用妈妈陪?这个不可思议的运气像是天上掉下来的,美娟又惊又喜,但又不敢高兴过头,她在教室外守了一个小时。"感谢主,老师没有冲出来求救!"然后她退守到学校办公室登记做志工,等凯丞放学。

让美娟吃惊的还在后头,不只这一次而已,之后凯丞每一次上课,都不必她陪。到慈济人文学校上课后,每次他都开开心心去上课,而且进教室后就跟妈妈说再见。

美娟认为,可能是学校里的阮老师懂得贴近孩子的心,三小时的课程,两小时教中文,一小时人文教学,慈济人文课让凯丞觉得自在心安,所以不再需要妈妈陪在身边。凯丞回忆上慈济人文学校的情形,说道:"读慈济人文学校时我很开心,因为老师们都有人文理念,对我们很好很用心,跟外面的学校是不一样的。"

由于住家离慈济人文学校有一段路程,周末凯丞上课时,美娟就在学校当志工,有时候进教室,也只是担任值班教室帮手,而不是安抚孩子。"凯丞在慈济学校,我们两个都很快乐,我不必再陪公子上幼儿课,亲子之间也不会再为学中文的事烦恼。"

美娟觉得最棒的是,凯丞在这里不再排斥学中文,比起之前强调背诵与考试的中文学校,学习效果好很多。"人文学校也有考试,但教学比较生活化,只要每周的功课都有做,凯丞考试不必特别准备。"写功课的情况也大有进步,"一开始我得在旁边帮他翻译,半年后他就渐渐能够独力写作业了,而且还写得蛮快乐的。"

在课堂上让小朋友练习书法,同时也练习"静心"

> 清净赤子心
> 小牛杨凯丞与慈济的教养人文

通过大爱电视台，加深与慈济的接触

在慈济人文学校上一年课后，凯丞中文虽然进步了，但程度还是很浅，美娟有时念简单的中文文章给他听，他还是听不太懂，美娟必须另外用英文解释大意。每星期只上三小时的中文课，毕竟所学有限，如何能让他中文更好？美娟想到了"大爱电视台"（简称大爱台）。学校有时会播放大爱台的节目来辅助教学，她觉得大爱台的节目都很有教育性，像介绍台湾过年、婚礼习俗等，都是凯丞在美国没机会接触与了解的中华文化，对精进中文学习应该有所帮助。

因为很少看电视，家里也一直没有装小耳朵（碟型卫星天线的俗称），因此看不到任何台湾的电视节目。"我想在家里装大爱台，凯丞可以在家里学中文，让他每天都接触中文，增加学习机会，而且他一向不喜欢打打杀杀的节目及社会新闻，大爱台的新闻都干净温和，很适合凯丞。"

一向不爱看电视的凯丞，却非常喜爱大爱台，装机后，只要打开电视就锁定大爱台。"家里刚有大爱台时，以凯丞的中文程度，应该百分之八十五都听不懂，闽南语节目就更不用说了，我常常纳闷，他看得那么专心，到底看懂了多少？"美娟说。

凯丞在人文学校认识了慈济及大爱台，透过大爱台知道台湾有静思精舍与慈济小学。"那时他才四岁，我没有特别去注意他对慈济的感觉。"美娟后来回想，其实从上人文学校开始，凯丞和静思精舍的因缘已经展开了。

第二章

随缘，成就好因缘

清净赤子心
小牛杨凯丞与慈济的教养人文

凯丞在圣荷西的人文学校上了三年课程后,虽然能跟台湾阿公简单地讲电话,但还不到听说读写都顺畅无碍的程度。小学二年级时,由于学习进度超前,美国的学校老师建议美娟,可让凯丞跳级或利用小学三年级的时间做其他学习。美娟不想让凯丞跳级,以他善良的个性去和大小孩互动,一定吃大亏。"我想,干脆用这一年带他回台湾好好学中文,也可以跟台湾的亲人多相处。"美娟说。

远渡重洋返台就学

美娟于是计划带凯丞回台湾读小学三年级;和美国的校长、老师协调好,凯丞回美国可以接着上四年级之后,她随即展开准备工作。凯丞阿公家在台北市万隆,美娟原本打算让凯丞就读阿公家巷口的公立小学,进入一个最道地的全中文学校;请家人询问台湾校方后得知,从美国回去插班读一年没问题,唯一要解决的是午餐凯丞希望吃素的问题。美娟和凯丞讨论,结果,凯丞提议回台湾读慈济小学(简称慈小),一来解决午餐的问题,二来他说自己会比较安心。

美娟觉得凯丞的考量有理,尤其他已经习惯,也很喜欢慈济的人文教学环境,回台湾读慈济小学,应该可以很快进入状况。当下她答应了凯丞,但上网搜寻后,才惊讶地发现台北并没有慈济小学!原本她认为慈济这么大的团体,全球都有据点,在发源地台湾,慈济小学也应该全台到处都有,没想到只有花莲跟台南有慈济小学,台北居然都没有!

这下头痛了，好不容易有一年的时间回台湾，不留在台北就近入学，跑去人生地不熟的花莲或台南念慈小，要如何说服长辈接受？真是一大难题。即使如此，还是要先解决就读慈小之事，如果没有入学机会，她也不必烦恼如何说服台北的家人。

两通电话，敲定入学及住处

花莲跟台南都没有亲戚朋友，该读哪一所慈小？美娟看地图，花莲离台北比较近，心想从花莲回台北应该比台南快，因而选择花莲慈小。事后她才发现，花莲往返台北只能靠火车，不像台南有高铁！

她自己打电话去花莲慈小教务处询问，没想到一通越洋电话就敲定了凯丞读慈小的事：凯丞可以转学生的身份入学，学校唯一的要求是妈妈全程在花莲陪伴孩子，学校随后就以电子邮件寄送入学申请表请美娟填写。

确定入学没问题后，接下来要寻觅住处。到花莲住哪里？此时美娟想到了几年前在花莲静思堂遇到的慈济师兄。

二〇〇七年暑假，凯丞四岁半时，美娟全家曾回台探视亲友，与家族成员到花莲太鲁阁旅游，当时凯丞姨婆找的旅行社承办人恰好是慈济人，行程中安排了参观花莲静思堂和静思精舍。美娟在静思堂遇到谭师兄，他从美国带女儿回台读慈小，觉得孩子受益良多，建议凯丞也到花莲慈小念书；当时美娟委婉表示不可能，如果哪一天有了这样的计划，也只可能在台北读书。谭师兄不放弃，热心地把他所有联络方法都写下来留给

清净赤子心
小牛杨凯丞与慈济的教养人文

美娟,因为不好意思拒绝对方的盛情,美娟就把他的资料收进包包里,但回美国后就把这件事抛诸脑后了。

美娟感叹,计划赶不上变化,没想到凯丞真的有去花莲读书的一天!她赶紧去找当时谭师兄留下的联络资料,美娟说:"依我的习惯,旧东西我一向清得很快。"没想到她竟然找到了花莲行用的旧包包,师兄写的纸条更完好如初在包包里,而当她拨电话给谭师兄,BINGO!电话通了!

她请师兄介绍租房中介,结果师兄说他刚刚搬到慈小附近一个新落成的社区,家里有空房间可租给美娟母子,走路五分钟就到学校,她跟凯丞只要准备衣物即可入住。

顺利得不可思议!两通电话就搞定凯丞到花莲读慈小的事。几个星期后,美娟终于壮起胆子跟台北家人说,凯丞回台这一年将到花莲读书,她请非常疼爱凯丞的姑姑林宝桂,协助跟长辈沟通;林宝桂告诉美娟不必担心,她会安抚老人家。有姑姑出面帮忙,加上这是凯丞的选择,台北的长辈们虽然心里嘀咕,但终究只把"异"见放在心里,没有跟美娟多说什么。只是美娟心里终究很过意不去,因为她和凯丞去花莲不是人去就好,还要准备很多家当,美娟说:"做这个决定很麻烦台北的家人,我真的很感恩他们的支持。"

小房间大启发

二〇一〇年九月初,美娟母子在凯丞姑姑林宝桂、姑丈李钱财,以及姑姑的好友杨瑞珠夫妇陪同下,开了两辆车前往花莲，车上满满装着母子俩的行李，及台北家人用心准备的家当。

谭师兄的房子是独栋别墅，她和凯丞租用顶楼附有浴室的套房。美娟对房子崭新的外观颇为满意，但当气喘吁吁把行李抬到顶楼时，她愣住了——套房很迷你，大约只有两张双人床大小，扣除床、衣柜、书桌等设施，只剩小小的走道；外头阳台也不大，放了一台小型洗衣机后，空间所剩无几。

这怎么住两个人？住惯美国大房子的美娟很想掉头就走，但要搬也得先找到新住处。美娟告知房东谭师兄夫妇，房间实在太小，她和凯丞不一定能适应，她先付两个月房租，但心里打定主意，熟悉环境后一个月内就搬家。

由于房间小，两辆车的家当只搬了半车下来，其余一车半的东西只能原车载回台北。空间狭小的住处，让美娟情绪起伏不定、百般挑剔，光是"打蚊子"这件事就让她抓狂。顶楼蚊子多，母子俩常被叮得睡不好，但凯丞又不让妈妈打蚊子，还说给蚊子吃一点没关系，美娟只能等他睡着后再偷偷点买来的电蚊香，还得在隔天早上凯丞起床前赶快把电蚊香藏起来。

凯丞上学时，美娟则积极出去找房子，但每次等凯丞下课后去看房子，他总是有理由不能去，凯丞的不配合，让美娟更加烦躁。有一天晚上她为了这件事，数落凯丞数落到他哭了起来；后来母子俩累到趴在床上看大爱台，凯丞才跟妈妈说，他一点也不想搬家。房间虽小，但师姑是用心布置，而且他可以如此亲密地和妈妈挤在床上看大爱台，他觉得好温暖，因为离学校近也让他很有安全感，知道妈妈很靠近他。"凯丞说，如果

清净赤子心
小牛杨凯丞与慈济的教养人文

我们马上搬家,师姑一定会伤心。"他希望妈妈试着先住三个月,如果妈妈还是不适应,他愿意搬家。

可能是凯丞的让步让美娟觉得搬家有望,整个人不再紧绷,心情一放松,不知不觉三个月过去了。后来凯丞在慈小的同学妈妈帮忙找到新租处,美娟竟然不想去看,因为再六个月就要回美国,搬来搬去太麻烦了。"三个月后,也已经习惯了这个麻雀虽小,但设备俱全的住处。"美娟说。

结果原本被她认为无法住超过一个月的小套房,在凯丞小学三年级课程结束后,她竟然续租,一直住到暑假结束回美国前。"可贵的是,我们和谭师兄夫妇相处良好,他们很照顾我们,后来想想,如果不是凯丞坚持,我可能会结下很不好的缘……"美娟后来在《静思语》读到"屋宽不如心宽",深刻体会到心境比环境重要!

凯丞的阿公原本很在意孙子跑到花莲读书,"后来是凯丞自己化解了阿公的心结。"美娟说,在慈小读书的这一年,每次回台北老家,家人都深切体会到,凯丞对长辈的尊敬及贴心,阿公对这个最小的孙子赞不绝口,归功慈小教得好,让美娟终于放下心上的大石。

第三章

新环境，心生活

清净赤子心
小牛杨凯丞与慈济的教养人文

"在班上,我喜欢的同学是杨凯丞。因为他很特别,他非常喜欢牛。你知道凯丞为什么喜欢牛吗?他觉得牛很可怜,因为牛一下要让吃荤的人吃肉,一下又要挤它的牛奶给人喝。因为这样的关系,所以凯丞特别爱护牛。"

这是凯丞就读花莲慈济小学三年级时,同班同学余祖尔在《我们这一班》的作文中对他的描述。凯丞虽然只在慈小读了一年书,但直到现在,当年的同学都还记得"杨凯丞很喜欢牛"。在花莲的这一年,凯丞的"小牛"形象深植人心,慈小多元的团体活动及人文教育,让凯丞过得非常充实;美娟独自带着儿子在异乡就学,生活中充满挑战,这一对母子在全新的环境展开"全心"的生活。

从"好奇"到"惊奇"

二○一○年九月初,开学几天后,凯丞转入花莲慈小三年一班。校方非常贴心,对只来一学年就要回美国的凯丞,尽心尽力提供最好的教学品质,譬如准许凯丞不必跟班上同学一起上英文课,而是利用这个时间安排资源班老师,为他补强中文;第一次月考时,考量凯丞中文理解能力尚不佳,校方也同意美娟为凯丞即时翻译考题。

由于凯丞在美国读的学校没有固定课表,也就没有所谓"上课""下课"的时间概念,因此初入慈小时,凯丞被上下课的钟声弄得糊里糊涂。他不懂为什么有时候同学一听到钟声,就

与万物共生息的"小牛"

都跑得不见人影,但过没多久,又都回来教室,后来才知道学校会依上下课时间打钟。

同学们对这个远从美国旧金山来的新同学也充满好奇,不久之后大家的好奇变成惊奇,因为这个新同学非常不一样!

譬如谈到动物,小朋友一般都喜欢可爱的小动物,如小猫小狗,或是雄赳赳气昂昂的马,但凯丞却最喜欢牛。级任老师谢瑞君说,凯丞写字非常慢,有一次上课谢瑞君看到他一直在课本上写字,走过去看,凯丞写的是:"我喜欢牛",课本上也画满了牛。"凯丞对动物很敏感,慈悲心像是天生的。"谢瑞君说。

有一次谢瑞君要学生以"如果我当了……"为题写童诗投稿,凯丞写的是:

> 如果我当了牛爸爸,
> 我要让牛快乐地长大,
> 我要为它念课本,
> 我要带它去看电影,
> 让它快乐地跳来跳去。

谢瑞君说,凯丞不是那种抢着站上领导位置的孩子,但他温暖的人格特质会自然把大家都"吸"到他身边,而且不自觉地"见善随喜"。像三年级上学期时,班上推动"大家一起素素看"素食运动,希望学生除了在学校午餐吃素,在家也能试着吃素。那时谢瑞君在教室后面的布告栏张贴统计表,让孩子自己登记每星期吃几餐素食,以及吃素的原因。凯丞读慈小时最好的同学蔡宗晔写的原因就是:"被杨凯丞感动";他听了凯丞讲小时候目睹杀活鱼而决定吃素的故事以后,非常感动,喜欢吃肉的他,三年级时吃了一整年的素。

班上另一个同学黄禾心知道凯丞从小就吃素后,很好奇地问:"你会生生世世都吃素吗?"凯丞回答:"是啊!"让黄禾心也决定要学习凯丞天天吃素。

谢瑞君还有一个对凯丞印象非常深的地方,就是他在学校分配到的点心,一定原封不动留给妈妈。谢瑞君说,慈小规定学生不能带零食到校,但是老师为了奖励学生,可以买健康的饼干发给小朋友,她发现其他小朋友都吃掉了,就凯丞没动,问他怎么不吃？他说要留给妈妈吃。她跟美娟提到这件事，才知道凯丞在美国就是这样。

美娟在凯丞一岁半时成为全职妈妈，因为是独子，为了让他有同龄的玩伴，美娟让他上半天的幼儿班。有一天接凯丞放学时，他手上握着一份点心，说是同学生日发的，他没吃，要留给妈妈吃；小小年纪就想得到妈妈，美娟很感动，不过她也跟儿子说："以后自己吃就好，不必留给妈妈。"但凯丞非常坚持，在学校领到任何点心，只要不是冰品，还是会原封不动带回家与家人分享，美娟怎么劝说都没用。有的老师知道后，索性给他两份，一份让他在学校吃，另一份带回家孝顺家人。

谢瑞君后来也采取给凯丞两份点心的做法，她感叹："有些事情教不来，这应该是孩子的天性。"

好人缘的凯丞

同学说："凯丞脾气超好，世界上没有他不爱的人。"老师也说，凯丞客气又有礼貌，大家都喜欢跟他一起玩，人缘好到不行。"他从不会跟同学生气，整个小学三年级，一整年的时间，都没有跟同学吵过架，从他身上可以看到上人所说，'人圆，事圆，理才会圆'。"

凯丞会鼓励同学、帮助同学，有同学说："他教会我助人为快乐之本。"另一个同学则表示："凯丞对任何事都持正向看法。"让原本都悲观看事情的她，也学习以正面乐观的心态面对困难。

清净赤子心
小牛杨凯丞与慈济的教养人文

凯丞刚转进班上时，谢瑞君安排同学蔡宗晔当他的爱心小天使，两个男孩很投缘，后来还一起去静思精舍当志工。蔡宗晔回忆："下课时我带他认识校园，带他在学校玩，我们会一直聊天一直聊天，从早聊到晚。"升小四凯丞回美国后，两个孩子还会用通讯软件保持联络，凯丞回台湾到花莲时，也会特别找时间和他小聚。

蔡宗晔升上四年级后，跟班上新转进来的同学发生很大摩擦，老师花了很多时间跟心力，处理这两个小男生之间的不合，蔡宗晔忍不住跟老师说："好希望每一个转学生都跟凯丞一样。"因为到学校就会遇到这个同学，却找不到合适的相处之道，蔡宗晔一度情绪低落到不想上学；凯丞知道后，和妈妈合拍了一段影片为蔡宗晔加油打气。蔡宗晔看到影片时惊喜极了："很开心很感动，对我的困扰很有帮助！"

自愿当"清马桶股长"！

凯丞在美国念小学时，同学不愿做的工作他就捡来做，在台湾也一样。就读慈小的第二学期，班上重选干部，同学提名他当班长他不要，他自愿做"清马桶股长"！那天放学后，凯丞跟妈妈说："今天同学提名我当班长。"但他不想当班长，只能谢谢大家的好意。美娟问为什么？他说："班长是同学的典范，作业一定要准时交，我还没有把握能够准时交作业。"美娟想想也对，他写中文功课的速度仍停留在"蜗步"。

美娟接着问："那你这学期在班上做什么？"凯丞回答："清

马桶股长。"

"清马桶！你别的不选，选这种工作？"

"因为没有人要做。"

"没人做也不用你自告奋勇啊！"

"老师说没有人愿意就都不要上厕所，我说我愿意。妈咪，我一举手就有其他同学跟着举手喔！"

虽然跟凯丞比较好的同学愿意和凯丞一起打扫厕所，但他们选择清洗手台及扫地拖地，没有人愿意洗马桶，凯丞成了名副其实的"清马桶股长"。

"才三年级的孩子，能够把马桶清干净？万一洗马桶后没把手洗干净又去拿东西吃……"美娟想到这些问题头都昏了，她下令："杨小弟，以后你回家第一件事就是洗澡！"凯丞乖乖从命，不过有时回家后，凯丞会描述今天的马桶是怎样的脏来逗妈妈，让美娟又好气又好笑。

老师说，慈小原本的传统是让优秀的学生扫厕所，代表一种肯定与负责的态度，她把打扫厕所视为生活教育的一部分，更希望每个孩子都能轮流承担这项工作；知道清扫厕所的辛苦，上厕所才会留意不要弄脏厕所，回家后也能帮忙。她有时会鼓励学生自愿，但这毕竟是小朋友不会喜欢的工作，大家你看我、我看你，没人举手，当时凯丞自愿承担，在班上发挥了带动的功用。

无心插柳柳成荫

读慈小时国语还说不好的凯丞，竟然夺得说故事比赛第一

> 清净赤子心
> 小牛杨凯丞与慈济的教养人文

名,也创下慈小的纪录!

原来学校每学年都会举办静思语说故事比赛,分为国语组及英语组,花莲慈小跟台南慈小先各自举办校内的比赛,两校的第一名最后再争夺总冠军。校内报名开始前,老师问凯丞要不要参加,原本以为说话轻声细语又安静的凯丞可能不愿上台,没想到他竟然说好。美娟认为凯丞的国语表达能力,还不到可以上台发表演说的程度,于是到教务处报名时她报英语组,但教务处老师大笔一挥,为凯丞改报国语组,美娟惊呼:"怎么可能?"老师说:"怎么不可能!"

好吧,美娟心想,也只好硬拼下去了!那天放学,凯丞拿了几份学校发的讲稿范本给妈妈,一起讨论后,两人对范本故事都没感觉。美娟决定为儿子写一篇故事。隔天,美娟在小套房内,一边吃东西一边为凯丞写讲稿,绞尽脑汁,最后完成"小电池瓦力"的环保故事。

比赛当天,教务主任在会场看到美娟母子,疑惑地说:"这里是国语组比赛场地,妈妈是不是走错了?"连教务主任都认为凯丞应该参加英语组,所以当凯丞拿到全校第一名时,真是跌破大家的眼镜!

之后凯丞代表花莲慈小与台南慈小一决胜负,又再夺冠,再次出乎大家的意料。花莲慈小蒋校长非常兴奋,过去第一名常由台南慈小获得,没想到才从美国回台不到一年的凯丞,竟能为花莲慈小争取到这个荣誉。

"其实,凯丞的国语是所有参赛者中最不标准的,他能够拿第一名,是因为他的天真和自然。"美娟说。比赛中,参赛学生都以经过训练的口气、腔调、表情,配合精心准备的道具上台演出;凯丞却只带着他用资源回收材料自制的精舍小模型,以纯真的本性说故事。

凯丞谢谢妈妈帮他写故事,也谢谢精舍师父陪着他,面对中央山脉把讲稿背起来,还教他如何搭配手势跟动作。

凯丞一向喜爱劳作,喜欢自己动手做玩具,小孩子一般都会要求父母买玩具,但他都用回收材料自己动手做,"在美国时,我家常常就是'你丢我捡',纸盒、空瓶、吸管……什么都可以留下来做为他的劳作材料。"美娟说。连在幼稚园看到同学吃完午餐后,丢进垃圾桶的各式餐盒及包装材料,他都问老师,

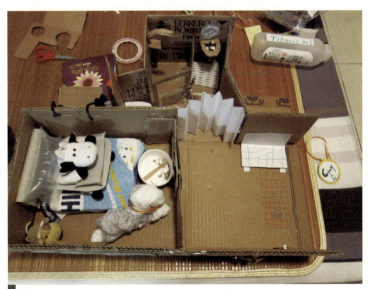

▎利用回收资源打造的小牛"环保之家"

能不能保留这些东西作为教室的劳作材料，老师觉得是好主意，欣然应允，从此他们班省下不少美劳材料费。

到花莲读慈小这一年，得知慈济一向倡导资源回收做环保，凯丞更是如鱼得水，功课写完后就是他的劳作时间，精舍模型也是他花了几个假日完成的作品，刚好在说故事比赛中派上用场。凯丞还用回收物帮心爱的牛布偶做了一个家，后来学校人文课要学生用环保物资设计物品，凯丞就帮牛布偶的家"升级"：像是一个小模型，有房间、床铺、门铃、浴室、马桶……连洗手台下的水管都具体做了出来，逼真到令人惊叹。

美娟说，结束慈小一年的学业回美国前，凯丞把他制作的几个精舍模型送给上人，"上人着实慈悲，保存至今。"不像她自己，凯丞从小送她的作品都已进了垃圾场。

母子的"潜能开发"课

凯丞回美国后，他自己总结在慈小一年的心得是：上课模式和每日作业虽然不习惯，但是在慈小读书的这一年，他觉得自己脾气改进了很多（美娟很讶异凯丞竟然认为自己脾气不够好），也把慈小学到的好习惯带回美国，例如节约用水、减少纸张用量，以及生活自理，像是洗碗、折衣服、倒厨余及整理房间等。

凯丞的爸爸杨林宏则认为，凯丞这一年时间花得很值得："换新环境学习新东西，孩子面对的是全新的挑战，而凯丞适应得很好，显示他有这个能耐。"

陪凯丞读慈小的这一年，对美娟来说则有如"潜能开发"。"以前在美国动笔写的都是千万美元的英文企划案，我从没想到有一天，会窝在花莲的一间小套房写中文儿童故事！"

她为凯丞参加静思语说故事比赛写的"小电池瓦力"，是她创作儿童故事的处女作，后来老师投稿刊登在《慈济月刊》上；为了分享凯丞吃素的缘由，她又写了一篇儿童故事，也获刊在《慈济月刊》上。回美国后，虽然结束短暂的儿童故事写作生涯，但为凯丞架设网站，记录孩子的成长点滴，也算是创作生涯的延续。

老师说，几乎学校所有的活动，美娟都有参与及协助。"她乐于当志工，做了很多事"，像是协助班上庶务，跟家长联系沟通，外语能力强的她甚至还成立"英语小筑"，以游戏的方式带班上学生阅读英文绘本，协助学生通过学校英语护照的认证。有一次还教班上学生做披萨，"她什么都能做，能文能武！"

第四章 亲近本性,找到「心灵的家」

清净赤子心
小牛杨凯丞与慈济的教养人文

回顾凯丞亲近慈济的历程,美娟认为,最主要的原因是凯丞发现自己在美国与很多同学有差距,比如环保惜物、不吃肉吃素、礼让不争等等,这都是现今美国学生比较欠缺的特质,但这些想法在慈济里是被认同的,他的本性在慈济获得接纳。从美国北加州圣荷西慈济人文学校到台湾花莲慈济小学,进而与静思精舍结缘,凯丞好像找到了路,发现自己要去的地方,他依循自己的心意,一步一步走回心灵的归处。

稚子的柔软心

凯丞从小不只是一个安静的孩子,还是个心肠柔软的孩子。一岁刚学会走路时,走得跌跌撞撞,不时撞到桌子或椅子,一般孩子的反应是哭着找大人抚慰,大人通常是在孩子面前怪罪东西害孩子撞到,但凯丞却是先"惜惜"被他撞到的家具,才去找妈妈安慰自己。

凯丞上学后,有一次看到妈妈看书看到一半,合起书前折起书角做记号,他第一个反应是赶快找一张书签,夹在妈妈做记号的页面,抚平书角说:"对不起,妈咪不是故意的!"这些虽是不起眼的小举动,却反映出凯丞天生就是一个既慈悲又感性的人。

对没有生命的物品都如此慈悲,更不要说有生命的物体了。凯丞一岁多回台湾时,看到阿公拿起杀虫剂要喷蚂蚁,他拿纸小心翼翼地把小蚂蚁救到外面去;两岁时跟妈妈在美国家里整理院子,结果妈妈一手拔草,凯丞一手移植,因为即使是杂草,凯丞也不忍心它们失去生命。这些事情家人觉得无妨，尊重他的想法及做法，但三岁多时，凯丞开始拒绝吃肉，成为家中一桩棘手事。

美娟的妈妈跟美娟一家三口同住，有一天全家去超市，爸爸跟外婆去买菜，美娟带凯丞去卖活鱼的摊位看鱼缸里游来游去的鱼，这时有客人来买鱼，老板把客人指定的鱼从鱼缸里捞出来，放到砧板上剖腹、去鳞、冲洗。杀活鱼的过程把凯丞吓得目瞪口呆，回家后他就跟妈妈说，他再也不吃鱼跟肉了。

一开始美娟没当一回事，以为凯丞只是吓到了，情绪上一时缓不过来而嚷着不吃鱼肉；没想到他是认真的，每次吃饭，凯丞碰都不碰餐桌上的鱼跟肉，只吃青菜。外婆跟美娟都认为小孩子正在发育，不吃肉怎么行，于是把肉剁成细细碎碎的肉末"藏"进菜里面，让凯丞不知不觉吃下去。

但这个"善意欺骗"的策略没能实施多久。凯丞有一次无意间看到外婆跟妈妈在厨房处理食材，于是只要端上桌的菜里头有他认不出来的东西，他都要追问再三："这是什么？""那是什么？"如果大人的回答无法让他相信，他就不吃，吃一顿饭往往要折腾一两个小时。

凯丞后来跟妈妈解释他为什么不再吃鱼，因为他觉得鱼被杀很可怜。但鱼为什么被杀？只是因为人要吃！他没有办法救那条鱼，至少他可以不再吃；而且凯丞吃素后，并非只要是素食就好，香菇他不吃，因为他觉得口感太像鸡肉了！

影响，从身边的人做起

凯丞坚持到底，与爸妈前后"奋战"将近一年，终于让大人竖起白旗，美娟说："他如此认真，我也不希望让他不信任大人。"在他四岁时，美娟决定尊重凯丞吃素的意愿，但家里煮菜还得要分荤素，一向不爱做菜的美娟嫌麻烦，她跟先生杨林宏说："凯丞吃素，我们就陪他一起吃吧。"

杨林宏对孩子的事一向尊重、支持太太，于是他们夫妇开始随着凯丞吃素。三个月后，美娟发觉以往爬楼梯会喘、下床会晕的情况，竟然在茹素后大幅改善，她还感觉身体轻爽，精神比过去好，吃素好像真的比较健康。一直到现在，七年过去，她跟先生都没有回头吃荤。

美娟常常回想，如果没有当初的因缘开始茹素，以她一向重油重咸，喜爱吃汉堡、牛排、炸鸡、薯条的饮食习惯，现在的身体状况恐怕不堪设想！

外婆对凯丞不吃肉当然有意见，但外婆疼孙子，拗不过孙子，也只能随凯丞的心意。凯丞一家三口都吃素后，外婆也不再吃肉了，但外婆喜欢吃鱼，有时还是会买鱼回来烹调。"我们吃素久了，对鱼腥味很敏感，所以外婆煎鱼时凯丞都不敢进厨房。"美娟说。后来外婆只在凯丞上学时煎鱼，再后来连在家里也不煎鱼了，在家就跟着凯丞吃素；外婆想吃鱼，就到住得不远的美娟姊姊家去。

对生命的呵护，一视同仁

二〇〇八年，凯丞的三个堂姊从台北到旧金山玩，住在凯丞家；有一天姊姊们到渔人码头，打算去买螃蟹回家煮大餐，凯丞得知姊姊们出门的目的后，打电话过去，央求姊姊们不要买螃蟹，不然他会很难过。

姊姊们也很想哭，从台北飞旧金山前，她们就盘算着要吃旧金山著名美味的螃蟹大餐，但不敌凯丞的恳求，三个姊姊终究还是打消了买螃蟹吃的计划。

凯丞从小就不爱吃蛋，家里煎蛋时他总说有一种味道，让他反胃，受不了时他就会跑到后院去，"所以，如果这餐吃蛋炒饭，我们炒饭时就会加酱油，盖过蛋的味道。"二〇一一年，凯丞又再次决定连葱蒜、蛋也都不吃，而且决定了就去做，非常有行动力，又把家里的大人惊住了。不吃葱蒜无妨，但是不吃蛋，美娟认为有点过头了。

慈济小学的午餐有另外供应蛋，因为有些家长认为，孩子成长需要蛋类的营养。美娟也试着与凯丞沟通："我跟凯丞说：'你记不记得慈小有吃蛋？'"不过，凯丞还是坚持不吃，因为他认为蛋是小鸡生命的开始。自从凯丞拒绝吃蛋后，蛋炒饭也不再出现在凯丞面前。

有一次凯丞听证严上人提到牛奶的来源，他了解到有的牧场为了大量生产牛奶，母牛常被过度挤奶，小牛也吃不到牛妈妈的奶，凯丞于是拒喝牛奶，全家只好跟着凯丞改喝豆浆。

后来凯丞知道有的沙发是用牛皮做的，连皮带、皮鞋、皮包，都有牛皮制品，这下他不但不喝牛奶，连皮制品都拒用。家里沙发椅是牛皮做的，他没有要求妈妈换掉沙发，而是自己不再坐沙发，改坐地板。

到静思精舍当志工

凯丞读慈小时，"小牛"之名不胫而走，他与精舍的缘分，也是从"牛"开始的。有一次，谢瑞君老师在证严上人主持的志工早会上分享"班上有个美国来的孩子喜欢牛"的故事，这个特别的故事，让精舍的师父和职工在还没有看过凯丞之前，就都认识他了。几天后，凯丞收到来自精舍的礼物，原来是德融师父请慈小校长转赠的，是一个玛瑙雕刻而成的牛饰品，他很珍惜地放在书桌上。

精舍内负责志工早会录影工作的影视组同仁，都对谢瑞君老师那一次的分享印象深刻，一致觉得凯丞是一位"好特别的孩子"。于是他们请大爱台东部新闻中心的同仁，去慈小进行深度采访，拍摄凯丞上课的情形和他的牛玩具，报导这个喜欢牛的小朋友。后来大爱台的儿童节目"地球的孩子"，也到凯丞与妈妈在花莲的住处，拍摄凯丞的日常生活，和他用纸盒帮牛布偶做的家。

慈小的老师在假日时，都会固定到静思精舍当志工，由于美娟母子并不是每个周末假日都回台北探亲，有个周末谢瑞君知道美娟与凯丞不回台北，就邀他们去精舍做"一日志工"，美娟心想刚好可以跟德融师父当面道谢,于是答应了。和蔼可亲的德融师父又给了小牛小礼物,说是圣诞礼物,但其实那时距离圣诞节还有一段时间。

那天早上他们在蜡烛间帮忙,中午在精舍用餐时,凯丞第一次见到上人。原来是德謇师父那天在斋堂看到美娟与凯丞:"刚好我们这一桌有空位,我就引导他们坐我们出家众这一桌,上人在我们隔壁几桌,隔着一些距离,吃饭时凯丞一直看着上人,眼睛好大好专注。"

美娟说:"美国的家刚装好大爱台时,有一天凯丞对着电视说:'我想去看上人。'"那时虽然认识了慈济,但美娟完全没有去花莲静思精舍的计划,"真是应了'世事多变'这句话,没想到凯丞竟然如愿了。"

"安心"与"放心"

"还有一次去精舍,是瑞君老师带我们去做福田志工,帮忙打扫精舍的会客室。"精舍围墙旁边就是铁道,美娟母子擦窗户时,听到远远传来火车鸣笛声,知道火车快来了;凯丞喜欢看火车,所以美娟带他出去,抱着他看火车。

火车走远后,美娟放下凯丞,一转身发现上人站在后面,上人大概是走过来时看到有小孩,所以停了下来。"我们回身后,上人摸摸凯丞的头说:'来帮忙整理啊。'凯丞就是不太讲话的个性,眼睛专注地看着上人,没有回话,上人也不以为意,转身走进会客室。"美娟说。

但美娟知道凯丞其实很激动、很兴奋，他到精舍就是想看上人，这一次不但与上人面对面，而且上人还跟他讲了话！

第二次去整理会客室时，凯丞带了他在学校游泳比赛得到的奖金，想捐出来，刚好慈小教务主任那一天也去打扫会客室，就带凯丞去见上人捐奖金，上人还给了他一串佛珠。那天上人看到他时，可能不记得之前曾见过，摸摸凯丞的头，用闽南语说："怎么这么英俊！"只是凯丞那时听不懂闽南语，不晓得上人在称赞他。

之后谢瑞君带美娟与凯丞去净皂厂当志工，那时净皂厂对面正在兴建协力工厂，因此上人常去巡视工地。有一天在净皂厂帮忙时，碰巧上人去看工地，德寋师父带凯丞出去迎接上人，在场志工也纷纷出去跟上人顶礼，很多人围在上人旁边，美娟远远地只看到上人摸摸凯丞的头，听不见上人跟凯丞说了什么。

顶礼后，美娟回净皂厂继续做事，后来德寋师父过去跟她说，稍后上人会带凯丞回精舍用午斋，请她不必挂心。美娟很吃惊，因为凯丞一向黏妈妈黏得很紧，竟然就这样跟上人一起去用午斋，显然在这个环境里，他不但放心，而且安心自在。

在慈济获得归属感

凯丞认识慈济后，发现这里不但鼓励吃素，而且有这么多人和他观念相同，在这里他的想法被接受、被认同、被肯定，这个发现让他很开心。凯丞说："慈济让我有一种很安心、很欢喜的感觉，这里没有像外面那么乱，而且可以修行，又是人人群,可以让自己每一天都在进步。"这种归属感,驱使凯丞不断亲近慈济。

凯丞很喜欢待在精舍,只要没有回台北,假日都到精舍当志工,连三年级下学期结束了,他还舍不得回台北,要求妈妈暑假也留在花莲,让他能继续到精舍。对这个定时出现在精舍的小身影,精舍的师父、同仁,以及志工们都很疼惜。

那时影视组的办公室在一楼,瑞君老师开始带美娟与凯丞到精舍当志工时,就带他们母子到影视组办公室借放随身物品。有时候,凯丞自个儿待在办公室画画,影视组同仁都很惊讶,这个年纪的孩子竟然有定性坐得住,很安静、不吵闹。同仁许雅雯说:"凯丞让人觉得他的'质'很特别,而且讲话轻声细语,他觉得大声说话不礼貌,我们在他面前都要提醒自己谨言

宁愿少吃,也要替大家服务

第四章 | 亲近本性,找到"心灵的家"

清净赤子心
小牛杨凯丞与慈济的教养人文

慎行。"

读慈小这一年，包括暑假的时间，凯丞到精舍多半在净皂厂帮忙，跟德寒师父相处时间最多，两人也成为忘年之交。德寒师父说，凯丞懂事贴心，而且非常有礼貌，现在这样的孩子已经很少见了。凯丞对人的尊重有礼，也让精舍众人印象深刻，只要有人跟他打招呼问好，他一定双手合十、直视对方，很诚恳地说"感恩"才走开；如果手上拿着东西，也一定会放下东西才合十回礼。有时凯丞跟妈妈走在精舍，妈妈常常一回头就发现他不见了，原来是跟凯丞打招呼的人实在太多，他忙着回礼，跟不上妈妈的脚步。

凯丞视自己为精舍的一分子，常常问大寮师父们："我还可以做什么？"其中他很喜欢的一项工作，是在斋堂用完斋后帮忙清洁餐桌；他吃饭慢，但为了要擦桌子，宁愿吃少些，而且吃饭时还不时观察大家的动静，生怕动作太慢，抹布被拿光了。当他很认真地一桌一桌擦过去时，只要有人跟他打招呼或称赞他，他都会停下来合十道谢，大家看凯丞如此忙碌，也都忍不住发自内心地微笑，因为大家都能感受到，这个孩子的可爱和真诚。

在慈济，凯丞发现初心，得以亲近本性，回到"心灵的家"。

第二部

人生方向的冲突

凯丞的天性在佛法中获得认可，在慈济获得归属感，当时才九岁的他，立志以证严上人"为佛教，为众生"的宏愿，作为他的人生志向，但妈妈却觉得"大事不妙"。因为凯丞上学后在团体中，不争不抢处处礼让，让妈妈非常担心凯丞在重视个人权益的美国社会中吃亏；不懂得保护自己，长大后可能无法在现今的功利社会中生存，期望他"强悍"起来，甚至"社会化"一点。

美娟惟恐凯丞走入慈济后更善良更慈悲，试图阻断凯丞与慈济的联结。

第五章

妈妈的挣扎

清净赤子心
小牛杨凯丞与慈济的教养人文

凯丞结束慈小三年级课程的那个暑假,回美国前,精舍师父们问他明年要不要再回来,美娟还来不及开口表示,"明年(二〇一二)没有计划回台湾",凯丞已经一口答应;证严上人跟师父们叮嘱凯丞回美国后继续精进闻法,相约隔年再见。

回到美国的家,隔着十万八千里远的太平洋,通过通讯软件及电子邮件,凯丞持续与精舍的师父们密切联系,精进不间断。凯丞每天收看上人在大爱台的开示,把上人送他的佛珠及德寋师父送他的上人照片当做宝贝,更依照师父教他的礼佛方法,每天跟师公上人(小朋友对证严法师的称呼)顶礼,但妈妈却是看在眼里,逐渐心急起来。

"我的焦虑有两方面,一是凯丞原本就很善良,跟慈济这么靠近,我怕他会'变本加厉'的善良,我担心他在外面更没有办法保护自己;二是我反复思量,今天如果我给他完全的自由,支持他走入慈济,是不是让他错过了认识慈济以外世界的机会?"美娟忧心地说。

温良恭让,会不会"人善被人欺"?

美娟知道,依凯丞的性子,他完全不可能变坏,反倒是凯丞善良的程度,让美娟希望凯丞能够"老练"一点!

小时候,美娟白天带凯丞去公园玩,溜滑梯时,只要有其他小朋友要溜,凯丞就让,结果只见他一直站在旁边等;他也不跟别人抢玩具,有小朋友看上他手上正在玩的东西,不必开口,手一伸过来,他就会把玩具让手。

在家里，凯丞最心爱的玩具，是一只约手掌大的小牛布偶。这是他就读圣荷西慈济人文学校时，有一天有家长带了许多新旧布偶到学校送小朋友，当小朋友们蜂拥而上挑选中意的布偶时，凯丞却站着不动；等同学都挑好了，他才上前，把仅剩的一只破旧小牛布偶抱在怀里，回家请外婆修补洗干净后，就成了他最珍爱的玩具。

小牛与心爱的小牛布偶

"从小他就是这个样子，什么事都不会跟人家计较，他可以把最好的让给别人，自己捡剩下的，我最头痛的是，他并不觉得这样是不好或吃亏，"美娟说，"他这样的个性很令我烦恼，不完全像他爸爸，更不可能是我教出来的！"

凯丞喜欢看内容平和温暖的书，不爱有邪恶情节或打打杀杀的书籍，更不爱现实生活中的社会新闻；在群体中凯丞也很和善，还会刻意和班上被排挤、霸凌的孩子做朋友，让妈妈更担心他被连累，一并被同学霸凌。

与人相处，凯丞从来不争不抢，他也不爱参与具攻击性的运动，在学校上课打躲避球，凯丞只会躲球，但拒绝拿球砸同学；篮球这种球员之间会碰撞、抢球抢得你死我活的运动，凯丞也不喜欢，每次打篮球，人家要球他双手奉上，人家投篮他安静等候。

凯丞对球类运动兴趣缺乏，但在美国，运动好的学生非常受欢迎，他球玩得不好，在学校上体育课就吃亏。学业上同学抢着与他同组，但体育课就排斥他，不愿跟他同组或同队，但凯丞并不因此而改变想法，他说这只是过程，"一切都会过去的。"

"凯丞能接受的运动只限于互不碰触的个人运动，像是游泳、骑脚踏车、跳绳和跑步。"但因为他有扁平足的问题，跑步并不适合他，于是他三岁起参加社区游泳队，到现在还是泳队纪录保持人之一。美娟当时高兴之余，曾经聘请名师教凯丞游泳，希望他每次都拿冠军，但是凯丞看到其他小朋友因为没得名次而伤心，他也觉得难过，他告诉妈妈："第一名有时也要让别人体验！"

拜托你"坏"一点！

美娟自十多岁起就在美国生活，已经养成西式的价值观与教养观，对孩子她一直是充分信任并尊重："从小我就没有把他当成不懂事的孩子看。"凯丞沉稳自律，美娟知道她能信任孩子，亲子意见相左时，"我会听他的想法，即使暂时不能说服我，我也会尊重和相信他的选择。"吃素即是很好的例子。

但"人际互动"与"权益维护"，美娟认为不能顺着孩子的个性。美国社会重视个人权益，自己的权利要靠自己去争取，华人认为礼让、客气是美德，这样的表现在美国却可能被视为"软柿子"，谁都可以来捏你两下。"在美国社会，唯有自身强大，勇于表现能力，懂得争取自身权益，别人才会看重你；不懂或是不去争取，机会就跑掉了，别人更不会看到你，那是会吃大亏的。"美娟说。

美娟之前在电脑业工作，在商言商，她谈生意快狠准，毫不讲情面，被称为"铁娘子"，她完全想不到，自己的个性和行事风格这样强悍，竟然会生出一个"与世不争"的孩子。"凯丞的个性跟我是'天壤之别'，他的善良，让我想到耶稣基督说：'有人打你的右脸，连左脸也转过来给人家打'的程度。"

"我觉得凯丞的包容度太高太宽，什么都不争怎么行？我很担心他在现今的功利社会团体中会吃亏、被骗、被欺负。"为了凯丞的个性，美娟相当忧愁，也常常对凯丞生气，气他不改个性，不听妈妈劝告。

"我一直跟他说，你的个性这么善良，这样你怎么保护自己？"美娟严格要求凯丞学习"强硬"。"我不会永远在他身边保护他，现在不赶快教会他一些'战斗防卫'技能，不给他一些'窍门'，他长大以后入社会该怎么办才好！"

但她对凯丞的"洗脑"一点用都没有，凯丞择善固执，一点也不想学"老练、江湖"，不管美娟如何耳提面命，凯丞完全没有行动。美娟说："他知道妈妈不高兴，但他更知道回答'我不做'，妈妈会更生气，他又不能为了安抚我而做出不实的承诺，于是凯丞选择'不回嘴、不作声、不行动'。"

清净赤子心
小牛杨凯丞与慈济的教养人文

"见树不见林",妈妈是否失职?

凯丞出生后,美娟尽所有力量栽培他:"凯丞是我看书养的,书里说孩子应该有的学习跟教育,我不但要做到、达成,而且要高于书里说的目标值。"美娟一直致力于提供凯丞全方位的学习,她希望凯丞能够"走遍整座森林,见树也见林",然而凯丞却在十岁时,就在一棵名为"慈济"的树下站定不走。依美娟原本的规划,凯丞就学时,每年暑假都要带他去一个国家旅游,增长见闻,但在慈小读了一年书后,凯丞打定主意,以后暑假他哪里都不去,只要去精舍。

"当时我觉得压力很大,而我的压力,在于我有没有让凯丞做好准备?无论是知识学习、生活能力、兴趣发掘,乃至于人生方向的探索,我有没有充分地提供凯丞全面性的学习环境?"在凯丞接触慈济后,美娟担心自己太支持他,让他眼中只有慈济,不再转头看慈济以外的世界。"我怕我给他的自由度太高,让他错过认识其他层面的机会,那就是我这个做妈妈的失职了。"

"我突然觉得,我这样让他暑假回台湾去随师对吗?他还这么小,别的孩子在暑假时,都是参加这个营队、那个营队,做各种不同的体验,加强课业能力,但我儿子一心只想到静思精舍随师,这样好吗?他已经够善良了!他应该多接触外面的世界,再决定他人生的方向!"

第六章 出师不利的「改造计划」

凯丞回美国后仍一心向往慈济，美娟认为，只要和精舍的师父持续互动，凯丞必会一直往慈济的方向去。"我想，在美国，只要不再参与慈济，凯丞也碰不到慈济，要想办法让凯丞渐渐不再和慈济、静思精舍互动。"

从小，只要是凯丞想做的事情，美娟觉得没有大问题，她不会强迫凯丞什么都要听妈妈的，这是第一次，她非常坚持要改变孩子的想法，"改造凯丞计划"正在心中成形。"我不愿意他跟精舍师父互动太多，甚至希望不要有任何互动，也不希望他继续看大爱台。"美娟说。

她告诉凯丞："你不需要这么亲近慈济人，你慢慢长大了，应该要了解外面社会是怎么一回事。"美娟打开电视，不再播放凯丞喜爱的大爱台，反而要求他看一些平常不爱看的社会新闻，还选一些他平常不喜欢看的书，比如历史战争、黑奴血泪史之类的书，要求他阅读。

美娟非常坚决地想斩断凯丞跟精舍、慈济、佛教的联结，二〇一二年初，她默默展开改造计划，没想到才开始没几天，凯丞生病了。

无声但激烈的回应

凯丞身体一向健康，即使生病也是发烧一个下午或一天就复元，但这次生病，开始是发烧烧了一天，虽然当天晚上烧就退了，但入睡后夜里醒来好几次，尽说一些令人听不懂的话，完全变了一个人。这样的情况持续约十多分钟，直到凯丞又睡去。

第二天早上，凯丞看起来很好，上学，放学，课后活动，生活如常，美娟放心了，但当天夜里，同样的情况又再度上演。凯丞睡睡醒醒，醒来时一样情绪激动，不认得妈妈。

那几夜，美娟精疲力竭，夜里守着凯丞不敢睡觉，"他每次醒来我就很紧张害怕，因为我不知道我又要面对什么……"几夜下来凯丞都没有好转，美娟非常惊慌，但凯丞白天一切如常，除了感觉疲惫，也没有明显身体不舒服的症状，她也不知道要挂什么科别让医师看诊。

有一晚外婆也被吵起来了，"但外婆进房间时，凯丞却又恢复正常，外婆不清楚发生什么事，只怪大家怎么半夜不好好睡觉。"美娟说。

"改造计划"实施后，凯丞很沉默，口头上没有反对没有抗争，什么都没有说。因为怕妈妈伤心，妈妈要他做什么他就做什么。理智上凯丞极力压抑自己，但潜意识里他无法接受跟慈济切割，心里有话没地方讲，于是在夜里入睡后，以他自己都不知道的形式宣泄情绪。美娟隐约明白，这是凯丞无声地向她表达"我不要离开慈济"。

美娟难过、后悔、自责，她打越洋电话到花莲，向德寋师父求助。德寋师父告诉美娟，帮凯丞戴上上人送他的佛珠，让他看上人的法相，并且祈祷。

"我其实是不信这些的，但在无助、不知所措的时候，有方法我就会去试。"美娟按照德寋师父所言去做，每次凯丞醒来时就叫他看着佛珠，告诉他"师公跟你在一起"。很神奇的，从那天晚上起，凯丞就开始好转，最重要的是他醒来时变得有意识，认得身边的人是妈妈。

"最后一次他夜里起来时，看着上人的照片，对我笑一笑，跟我点一下头，然后又倒头睡去，之后就没有再出现这种状况。我很难解释凯丞这次的生病。"

心痛的醒悟

美娟没有投入慈济的意愿，只想做个随缘志工就好，但凯丞的情况让她心急如焚，"我是不是要失去我的孩子"的惊恐，让她愿意做任何事，不惜任何代价换回清醒健康的凯丞。所以她在祈祷时发愿，她不再阻挡凯丞接触慈济，如果凯丞能好起来，她甚至愿意去做志工见习受证！

美娟还写了一封"告白书"，"我请德寋师父帮我留着，如果以后我又是非不明了，又有了改造凯丞的想法，麻烦师父拿出这封告白书给我当警惕。"美娟不好意思地说。

德寋师父知道妈妈强悍的个性，事后他问美娟："如果没有这样的经历，你会妥协吗？"美娟不得不承认，没错，只有这么激烈的反应，才会让自己放手，省思自己的做法是否正确，不然还是执著，不会退让。

"还好就那么一次，但这件事情是我很大的一个警惕，现在想起他生病时的模样，我都还很害怕和心痛。"美娟说。

在凯丞生病的当下，美娟忏悔、发愿、写告白书；凯丞刚病愈时，心有余悸的她也一再告诫自己："不能再犯同样的错误，作为一个妈妈，为了孩子的健康与幸福，不能重蹈覆辙！"但雨过天晴、事过境迁，刚强难伏的美娟，心中又开始起伏不定。

"改造计划"让凯丞身心承受巨大压力而生病，孩子跟随慈济之心如此坚定，做妈妈的只能让步，不过面对人生方向如此重大的决定，美娟将"无条件退让"修正为"有限度退让"，希望孩子三思而行，因此在凯丞考虑是否皈依时，她提醒凯丞想清楚。

皈依的选择

二〇一一年暑假尾声，德?师父向凯丞提出皈依的想法，并对皈依做一个简单的说明：皈依就是帮证严上人承担责任，做利益众生的事情。

美娟说，凯丞个性谨慎，他当时不清楚为上人承担的责任为何？"皈依是一个承诺，而凯丞非常重视他答应的每一件事，在一个机缘下，他请示上人皈依的意思，上人另请一位师父跟他说明。"

"凯丞那天从精舍回来后跟我说，他认为上人觉得他还没准备好皈依，我问他怎么知道？他说，因为上人没有亲自为他解释皈依的意思。"他自己的解读是上人觉得他还没准备好，二〇一一年，凯丞没有因缘皈依。

那一年暑假结束回到美国后，凯丞每天定时收看上人的"人间菩提"，并在自己的网络日志记录心得。隔年暑假回台，

清净赤子心
小牛杨凯丞与慈济的教养人文

精舍师父再度提出皈依之事,这时凯丞认为自己做好皈依上人的准备了,他并且希望妈妈可以跟他同时皈依,可是美娟当时投入慈济不深,"我跟凯丞说皈依是你个人的决定,我不会反对,但是妈妈不用一起皈依。"

妈妈不同时皈依让凯丞不放心,想到妈妈常常提起其他道场,凯丞向常住师父倾吐他的不安:"我还是小孩,我皈依师公上人,如果妈咪要带我去别的道场,怎么办?"凯丞一向孝顺父母,他并不希望和妈妈意见相左。

结果凯丞皈依那天,上人当面问美娟:"你会去别的道场吗?"美娟说:"我不会!"有了妈妈当众的承诺,凯丞心中石头终于落地。

但美娟仍然希望凯丞对佛教能够多方了解,二〇一二年暑假结束回美后,有一晚睡前,美娟跟凯丞聊天时说:"师公上人真的很棒,妈咪也很佩服上人,但是有其他的法师也很棒,他们的理念也不错,我们可以多方面去了解。你知不知道很多人不只皈依一位法师,有人皈依很多法师喔!"

凯丞久久没有作声,美娟以为他睡着了,忽然听到他回应:"妈咪,你知道为什么师公不希望收已经皈依的弟子?""为什么呢?"美娟问。结果凯丞回答:"因为那是对法师的不尊重!"顿时,美娟感觉自己的脸上重重地被打了一巴掌,此后再也不和凯丞提起其他道场。事实上,上人是不希望让不了解或不认识慈济的人皈依,但凯丞转了一个弯,用人与人之间的相互尊重,说服了妈妈不定的心。

第七章

爱与尊重，让妈妈放手

清净赤子心
小牛杨凯丞与慈济的教养人文

"慈济与上人给凯丞的肯定,让他更坚信自己的方向是正确的。"凯丞皈依后,美娟很清楚她无法改变凯丞,她说:"我心知肚明,慈济不仅是凯丞的路,也是我必须跟着走的路。"

美娟"认命"投入做慈济,但放手不等于放下,有时候她的心里还是会有善恶拔河的拉扯,"但跟着凯丞每天听上人的开示,这个拉扯的力道已愈来愈小,"美娟说。

转念、释怀、放下

凯丞皈依后,在美国除了定时收看"人间菩提",也开始收看"静思晨语",在上人的晨语开示中,凯丞得到无比的法喜,佛法让他的心智更趋成熟。"闻法行法,心中就有法度",美娟跟着凯丞看上人开示,一段时间后她发现,每当被人事物卡住时,她也会不自觉地拿出上人的开示,或慈济人的例子来提醒自己,往往茅塞顿开!

"上人的法受用之处在于,我们常常执著在某点或某事上走不出来,因为'我执'太重,但上人的法提供的是一个转念的机会。上人给我们的智慧,就是让你可以从多方角度看事情,处处感恩;然后你会发现,事实上你执著的东西并非那么值得,那为什么要浪费那么多时间精力执著于它呢?"美娟体认到这点时,她也察觉,自己已经不像从前那样,觉得有理或事关颜面的事情,她都要争到底。

回到对孩子的教养态度,美娟自忖,她一向不是冥顽不灵的妈妈,以前人家问她对孩子有什么期望,"我当然希望我儿子是龙是凤是状元,只要是好的我都希望儿子有,但最终,我还是希望他快乐健康。"她和凯丞的爸爸从小都鼓励凯丞做自己喜欢、让自己快乐的事情,她常跟凯丞说:"人生在世,最重要的不是赚大钱或获得很高的社会地位,是做你想做,令你快乐的事情!"

因此美娟从小就尊重凯丞的兴趣,"我会辅助他,跟着他往他想要的方向走。"回想凯丞对泰坦尼克号、飞机、火车有兴趣时,她能够全心全力支持他,不在乎花费多少钱及时间,"为什么今天他有兴趣的是慈济,我却不愿意支持?上人的慈济人文教育对孩子身心有益、对安定社会有帮助,那我到底在反对什么?"

疼惜孩子,就不能把自己的意志强加在孩子身上,她跟自己说:"以前不管你的借口是什么,你的执著是什么,当你知道你的孩子爱慈济、适合这个环境,做妈妈的当然要给予支持,还要全心投入,何况自己曾经发过愿!"

爱与尊重,以及慈济的美善,让美娟终于心平气和,不只心甘情愿地放手,而是全然放下,"我以前的执著是自私,是不明是非,我现在知道错了。"

佛法解答人生的疑惑

持续聆听上人的开示,佛法解答了美娟长久以来对生命的困惑,因此,也让她更能接受凯丞走入慈济。

美娟的原生家庭信奉基督教,全家都是虔诚的教徒,美娟

清净赤子心
小牛杨凯丞与慈济的教养人文

从小上基督教学校,跟着家人上教堂做礼拜,并在大学时受洗。她对生命的来龙去脉一直有困惑,美娟不懂为什么有些孩子一生下来就有缺陷,或者出生不久却因生病或意外而失去性命。为什么天真无邪的孩子会遭遇这样的生命难题?她曾经询问牧师,当时牧师跟她解释:"因为有他们这样的遭遇,你才能感受到神对你的爱。"

"我不能接受这样的回答,神为什么把爱给我而不给他们?这些孩子做了什么事,得不到神的爱?"但牧师没有回答这些问题,只跟她说:"你就是信心不够,才会有这么多的质疑,你要相信神。"但这样的回答无法说服她。没有人可以解答她对生命的疑问,于是她与宗教渐行渐远,凯丞出生前,美娟已经多年没去教会,凯丞出生后,全家也不接触任何宗教。

当美娟平心静气摒除对慈济的"成见",真心投入后,愈发喜欢探讨佛法的智慧。"我觉得佛法跟我们的生活真的可以相契合。"她认为佛法能够解释很多人生的境遇,譬如美娟向牧师提出的问题,上人给了一个合理的答案:"见苦知福"。"这就是为什么上人苦口婆心要大家闻法,修行,因为唯有法入心、法入行,才能够拥有足够的智慧。接触慈济后,我才知道佛教有前世来生、因缘果报的说法,这可以解释我以前对生命与人生的疑惑。如果没有'因果'的观点,我不知道怎么去解释人这一生的遭遇。"

美娟说,比如她自己,此世也没有做过什么善事,却可以嫁给一个好先生,有一个懂事贴心的儿子,从小到现在,生活都算平顺:"以佛法的解释,我正在享用前世累积来的福,不过上人也提到福是会用尽的,就如上人的一句静思语'享福了福,福尽悲来',福报是做来的,所以上人提醒我们,要再造福。"

"为什么有些很好心,有学识的女人因为所嫁非人,命运乖舛、一辈子颠沛流离?我只能用'前世因、来世果'来解释,要不然我怎么想都想不通,一个善良又聪明的人竟会遇人不淑!"

"大家常说父母是孩子的模,凯丞不能说完全没有像爸爸妈妈的地方,毕竟跟父母生活在一起,孩子多少会有父母的影子,但凯丞的个性确实跟我天差地远。我从小就没有他的慈悲,走入社会后更是以自我为导向;凯丞与世无争,我曾经想或许他长大了接受社会环境的熏染后,就会跟我一样,可是本性所使,凯丞对周遭的人事物总是保持他独到的应对方式。"美娟这样解读凯丞的个性。

对于凯丞的个性,美娟一直很困惑:"他谨言慎行,而我说话一针见血,就怕别人听不到;他爸爸个性比我好多了,凯丞应该比较像爸爸,但爸爸也有他的习气。凯丞善解人意、自律性强,任何事情宁愿自己承受,也见不得别人难过,这就是他的独特之处。"

前世因与今世缘

一个人要如何保有纯净的本性?美娟说:"我在上人的开示中得到答案,修行是累生累世的功课。"一个人如果世世都懂得自律，坚定修身养性的决心（持戒定慧），他前世的灵性及所做的功课，可以再带到下一世来继续，如果来生环境给予适当的机会，这个气质更能显现出来。

凯丞的人生轨迹，让美娟开始相信轮回，也相信因果。美娟说："一个出生后完全没有接触佛法的小小孩，如果不是前辈子就有一些好的想法深植在他内心，他如何会有这么善良的人格特质？他小小年纪就有因缘认识慈济，并且和这么多人结善缘，必定是他累生累世做好自己的功课，也结下了不少好缘。"

如果不相信前世因，如何解释今世缘？美娟自己都很难理解人生境遇的来龙去脉，而凯丞的外婆是基督徒，并不相信有来生，后来连外婆也说出"凯丞上辈子可能是修行人"这样的话来，真是无法解释凯丞为什么跟慈济有这么深的缘！

美娟阻止凯丞接触慈济，却"屡战屡败"，让她了解"随顺因缘"的道理，"我不敢肯定说相信因果会给自己带来什么好处，但是不相信它，对自己的今生及来世都没好处！"

善良不是缺点，是可贵的人格特质

美娟用她的人生经验来设定儿子要如何成长，自以为以她的人生经历及阅历，帮孩子铺的路绝对不会错，没想到，却差点抹煞掉他的本性。

凯丞与世无争的个性，从小一直被美娟否决，认为这是他立足现代社会的致命伤；但美娟眼中的缺点，没想到在慈济里却被认为是优点，是可贵的人格特质。美娟说，在待人处世的现实中，她很怕凯丞被别人踩在脚底，因此一直不给凯丞自信，不鼓励他的本性，还试图把他往反方向拉。

"进慈济后，我才了解孩子与生俱来有这样的个性，是前世苦修来的，父母的责任就是护持他，尽可能让他保持清净的本性。"美娟说。放手后，美娟看着凯丞跟着上人学习佛法，自信心也愈来愈强。

学习佛法，让美娟慢慢能欣赏凯丞的人格特质，也体认到他的清净本性可以带给他更多善的因缘。美娟说："凯丞很有福报，可以认识慈济，跟着上人学习！"

凯丞每天晚上都会虔诚地向佛陀、师公上人顶礼三拜后才就寝，美娟有一次好奇地问凯丞都祈祷什么事情，凯丞原本不想讲，但受不了妈妈以搔痒"酷刑逼供"，才说出："我每天都祈祷希望和慈济的缘更深。"

凯丞和慈济的因缘，的确是阻挡不了的！

第八章

孩子，谢谢你

清净赤子心
小牛杨凯丞与慈济的教养人文

凯丞走入慈济是"全心全意",妈妈美娟步入慈济则经过无数次的拉锯,才"一心一意"。认识慈济八年,美娟真正全心投入,也不过是从二〇一二年秋天才开始,她开玩笑地说:"逃避不成,投降服从不打紧,还得加倍偿还!"但她其实内心感恩不已,"虽说一开始有很多质疑和不适应,但我很庆幸有这样的过程,毕竟磨练后受益最多的,还是自己!"

宗教的"文化冲击"

"虽然凯丞生病时我发愿,还写了告白书承诺,如果凯丞好起来我就去见习培训,可是事过境迁之后,我开始赖皮。"美娟愿意当志工,但是不想成为受证委员,个性直爽利落的她,觉得慈济规定太多,她不愿意受拘束。

"我一开始对佛教没有丝毫概念,记得第一次去精舍的时候,看到师父们没有头发,身上是素色的僧服,我不太习惯,有很大的宗教文化冲击!见到上人时,我也不懂为何大家都向上人下跪顶礼?"

那时美娟即使心里非常不能接受精舍诸多礼佛的规范,但"入境随俗",为了表示尊重,别人做什么仪式美娟就跟着做,虽然也跟着大家对佛像和上人顶礼,但是心理上还是很难适应。

凯丞结束慈小学业的那年暑假,即将返美,美娟和凯丞向上人告假,凯丞看到上人很自然地下跪顶礼。"在那个当下,我没有跟进。"美娟说,所以她依然站着。"我站在上人的左方,上人坐着,于是上人转过来抬着头跟我说话。"

后来美娟才了解，顶礼无关偶像崇拜，其目的有二，一是弟子表达对师父的尊重，因为上人是一位智者，他给了我们很多智慧脱苦解烦，我们收到这个智慧，让我们可以滋养自己、成长自己，顶礼是表达对他的恭敬与感恩。二是培养自己的柔软度，人都是"贡高我慢"，从你能够弯下腰起，你的优越与傲慢已经可以开始下降。

"上人慈悲，为了你，为了众生的利益而接受顶礼，他不在乎外界误解或负面批评，因为他知道弟子们从如此一个简单的动作，就能够学习谦卑，得大智慧。"了解这个道理后，美娟很忏悔她当初告假时没有下跪顶礼："我竟然让一位老人家这么辛苦地抬着头跟我说话！"

慈济人的善良，则是美娟的"震撼教育"。凯丞在慈小上课时，美娟在学校做志工，因此接触到许多慈济人。"出社会做生意，我对人对事都有所保留，总觉得大家都在各取其利，而这是天经地义的。"美娟甚至相信"人性本恶"，人都是自私的，不能不防备；但在慈济团体中，志工们却相信"人性本善"，人与人之间互相感恩、尊重、爱，这种人际互动超出她的经验范畴。她说："我没有经历过慈济这样的团体，这对我来说是一个很大的震撼。"

然而，除了宗教信仰不同之外，加上慈济体制对志工的要求多，从见习、培训到受证，路程漫漫，最后还得穿旗袍，不喜欢受拘束的美娟，觉得自己无法配合。见习后，她暗自决定还是做一个快乐的灰衣志工就好。

二〇一二年暑假带凯丞回台时，美娟也顺道参加台北营队，对于凯丞在精舍的因缘，美娟一向低调，没想到上人却落落大方地在营队提起；开示时也说到美娟曾经害怕孩子太乖，而阻止孩子接触慈济，并告知大家已忏悔的妈妈也加入培训了。当下，美娟了解自己回美后必须用心投入做慈济，加入培训。

被上人收服

然而让美娟愿意投入慈济的最大原因，是上人的慈悲与智慧。

二〇一一年暑假，凯丞在精舍随师，精舍师父邀美娟旁听，基于自己对人的防备心态，因此美娟第一次随师时，是抱着"挑毛病"的心态去参加。

"随师"是指弟子们跟随着上人学习，上人每日会客从早上九时至傍晚六时，弟子可以旁观与学习。美娟心想，平时都是在电视上看到上人，借这个机会，刚好可以看看镜头外的上人，是否跟电视上相符。那一次听上人为刚从日本赈灾回来的资深委员们开示，每个委员向上人报告自己在赈灾当下的所见所闻，每个人都深感"见苦知福"。

没想到上人的回应是："我不出国，你们是我的眼，我的手，你们看到灾民的困苦，了解到自己很有福报，身为资深慈济人，你们有没有做到'见苦知苦'？"上人没有出门，却总是比大家走在更前线！

美娟还发现，上人在荧光屏前传达的大爱理念，跟他在荧光屏后的言行一致:"几次随师,见证到上人的慈悲喜舍观,上人对众生的包容和处事的智慧,我打从心里佩服,而且深深被感动了;想不到世界上真的有如此无私付出的人!"

连续两个暑假随师,美娟被上人"收服",心甘情愿从慈济门外踏进慈济门内,不再当自己是旁观者、局外人。二〇一二年暑假结束回美后,美娟全心投入慈济,二〇一三年夏天,更在花莲皈依上人。

真正放下心里的挣扎,进入慈济后的美娟表示:"我专心去看我能做什么,那时我向德宏师父说:'我决定了,我要为上人做一些事情。'师父回应,每个人都说是为上人做事情,到头来是自己得到最多!"

身体力行,领略慈济美好的一面

慈济力行的佛法是生活佛法,强调要在人群中修行。上人解释宗教是人生宗旨,是生活教育。慈济是一九六六年创建的修行道场,目的是让人人都有适合自己的平台,去实践佛法的智慧。在美娟看来,慈济对修行的要求,每天有百分之八十的时间是在人事物中力行佛法,百分之十五是闻法,念经拜佛只占百分之五。

"我还在门外时,看慈济是'规矩多、人事纷扰多',走进来后,才了解慈济其实是非常善解包容的团体。"美娟自嘲:"像我这么不慈济也可以做慈济人。"精舍师父甚至称她是"慈济外岛人"。

> 清净赤子心
> 小牛杨凯丞与慈济的教养人文

她原是局外人,更曾对慈济和佛法有误解,"但慈济却能包容我。"美娟深深感受到慈济的美善,以及上人的慈悲与大爱:"慈济在规矩中带有人性,更深信人人皆有'法'可度。"

美娟的原生家庭信奉的是基督教,对于凯丞和美娟先后走入慈济,美娟说:"我哥哥、姊姊的态度是尊重,不多做评论;至于我妈妈则是很爱凯丞,虽然佛教不是她希望凯丞接触的宗教,最后她也只好接受,只是偶尔还是会念我:'背叛原先的信仰,还帮着凯丞接触佛教!'"

凯丞出生后,外婆对他疼爱有加,他也非常孝顺外婆。冬天的晚上,每次外婆问他:"要不要洗澡了?不然外婆先洗?"这时他都会马上放下手边的事,抢在外婆之前洗澡。美娟有一次不解地问他,为什么要跟外婆抢着洗澡?没想到凯丞的回答竟然是:"冬天水龙头刚打开的时候水很冷,要等一段时间才有热水。"他怕外婆冷到,所以抢着洗澡;他还会先拿桶子接冷水冲马桶,完全不浪费。

凯丞不只照顾外婆的身体,也照顾外婆的心情。小时候外婆常熬排骨汤给凯丞喝,他不是很喜欢排骨汤的味道,但他知道这是外婆的爱心,希望他长高,如果他不喝,外婆会难过,所以常常喝一点,然后就说"我吃饱了",让外婆觉得没有做白工。

贴心的凯丞,在选择与外婆不同的宗教信仰后,更时时考量外婆的感受。因为知道外婆不喜欢他接触佛教,如果外婆走进房间,刚好他开着电视在看大爱台上人的开示,他会先关掉电视，不愿意外婆看到不高兴。但美娟之前那种"你要捍卫自身权益"的想法又冒出来了："我觉得看电视是他的权益，为什么要害怕？而且如果觉得做的事是对的，为什么要去遮掩它？"

"我后来请问常住师父，凯丞选择了学习佛法，为什么要害怕外婆知道？"师父说，凯丞这样做是对的："我们不能因为自己的信仰，而造成别人的烦恼，我们要能包容所有不同思想的人；如果外婆走进房间看到上人的开示会起烦恼心，我们就不要触动外婆在这方面的烦恼，避免外婆对佛教更不喜欢，要耐心等待因缘。"美娟这才明白凯丞不是在躲避遮掩，而是孝顺贴心的一种表现。

不过，在同一个屋檐下，凯丞外婆或多或少还是会接收到大爱台的资讯，外婆也因此了解慈济是一个善的团体。她不只认同慈济行善的理念及做法，甚至也会捐款给慈济，听到有亲友误解慈济，也会帮忙澄清。只是在她的宗教观念里，认为慈济是佛教团体，和自己的信仰不同，还是应该保持距离。

"隐善"与"显善"相辅相成

美娟虽然认真投入慈济才两年，但身边朋友明显感觉到她的改变。以前跟她共事二十多年的同事很讶异："美娟完全变了一个人！"从处处不饶人的铁娘子，到今天可以在街头弯腰为不认识的灾民募款，令老同事刮目相看。

谢瑞君老师认为，凯丞的生活很平衡，身心灵都有被照顾到，她相信凯丞即使没有认识慈济，人生一样可以很精彩；然而，加上"佛法"这一块，可以让他的生命更完整。美娟虽然曾经用母亲的权威阻止凯丞亲近佛法，"但美娟的觉察跟反省很强，他们母子互相鼓励与提醒，是相互成就。"谢瑞君说。

从凯丞读花莲慈小那年起，就与美娟及凯丞互动密切的德寋师父，长时间与美娟母子相处，对凯丞来说，德寋师父亦师亦友。他认为，凯丞的善良因子来自妈妈，稳定来自爸爸。

"美娟说她没有善良的特质，其实她有。她善的磁场不亚于凯丞，只是在美国这样强调自我主权的社会长大，美娟认为'善良是软弱'，所以她不肯承认自己是这样的人，不愿显现她也有善的一面，她的强悍是后天环境造成的。美娟老说凯丞不像她，其实这个孩子很多地方像妈妈，她潜意识里不承认自己是善良的。"德寋师父说。

换句话说，美娟是刀子嘴、豆腐心，她刚强、直爽、正义，而且心思细腻、孝顺。一个不善的人会正义、孝顺吗？德寋师父说："而且不善的话，她也不会尊重孩子的意愿，正因为美娟这么的善，所以凯丞才能依报于她来到这个世上，她也才能引导凯丞这么善的孩子。"妈妈"隐性的善"与孩子"显性的善"相辅相成，而且这个"相辅相成"是等比倍数，才能成就现今的凯丞。"凯丞的好，正呈现妈妈的努力。"

德寋师父说，美娟善良，爸爸跟外婆包容，他们三位都是凯丞的善缘，也是他生命中非常重要的贵人。美娟非常非常爱凯丞，所有她对凯丞的思考，都是出于妈妈希望孩子好的立场。

美娟与凯丞一同参加二〇一〇年慈济小学运动会

"我常跟凯丞说,你要非常感恩妈妈,妈妈的信仰原本跟我们不一样,要她接受你走入慈济很不容易。"德寋师父说。二〇一三年暑假凯丞回花莲,外婆也同行,德寋师父诚敬地谢谢外婆把凯丞教得这么好,外婆谦虚地说:"没啦,是他自己乖啦。"

从"你们慈济"到"我们慈济"

令精舍影视组的同仁们印象非常深刻的是,美娟初到精舍时,跟她们谈到慈济都是说"你们慈济";但现在回到精舍,说到慈济已经变为"我们慈济"。以前美娟都留短发,因为不习惯弄发髻,现在头发也留长了,依规定挽髻,说话也不再大刺刺,而是恭谨有礼,"叛逆因子"几乎消失无踪了。

"我自己也觉得这两年我转变最大。"最让美娟自己讶异的是,以前从不忍气吞声的她,竟然成为能"忍"的人了。在美国做慈济志工,工作量不小,共事的志工多,人多嘴多意见多,人际之间的纷扰也多,再加上慈济是全球性团体,文化背景有时让事情更复杂,有人事挫折、委屈……纷至沓来。从一开始按捺不住会跟别人争吵,到压下自己的脾气学习沟通,美娟一直在进步成长。

"慈济是修行的道场,说不定还是困难度最高的修行道场!因为在人群中学习如何去除自己的习气,是最考验个人的毅力和堪忍度,过得了层层关卡,就可以彻底去除我执,这非常不容易,"美娟说,"这是考验自己修行的时候,忍得下来,表示我真的是'做中学',而且上人的开示我有拿来用!"虽然投入慈济时间不长,但美娟相信从认识慈济起,她就已经开始被慈济潜移默化。

当初凯丞铁了心要走入慈济,美娟觉得不可思议;今日自己也全力投入慈济,她同样感到不可思议:"说起来很教条,但我觉得我现在的人生比认识慈济前有意义。"然而,如果不是因为凯丞的因缘,她这辈子不会跑去花莲认识精舍,更别说加入佛教团体。"凯丞其实早已把我带到门前,是我自己不愿走进去,还好,为时未晚。"

美娟觉得很幸运,凯丞和她先后走入慈济,不需家庭革命,夫家也没有反对的声音，最重要的是，凯丞爸爸杨林宏一路支持。

杨林宏说："凯丞带给我们的，远比我们给他的多。"妈妈美娟也感恩孩子的牵引，为她开启人生的另一扇门。

第三部

放手,是得不是失

在凯丞的成长过程中，母子俩形影不离、亲子感情深厚，唯一意见相左的地方，就是凯丞坚持接触慈济。纵然不舍孩子小小年纪就决定跟随证严上人的脚步，走上一条极其艰辛的路，但妈妈最终接受孩子的选择：因为爱与尊重，让妈妈放手，并陪伴凯丞同行慈济路。

起初美娟没有学习佛法或深入慈济的意愿，然而，原本是基督教徒的她，在佛法中寻得生命里困惑的答案，更体会到慈济的美善以及证严上人的慈悲，终能放下心中的挣扎，全心接受慈济。投入慈济后，美娟发现，原来，自己也在转变。

第九章

妈妈永远在这里

凯丞皈依时，上人替他取的法号是"诚愿"，美娟皈依时，上人取的法号是"慈恒"；诚、愿、慈、恒，意义深远，这是上人对他们母子的期望，也是他们母子对慈济的承诺。"慈恒"对美娟及凯丞还有另一种意义——"慈"在中文代表母亲，"慈恒"的另一个意思，就是"妈妈永远在这里"！

对凯丞来说，最亲最爱的妈咪，独一无二、无可取代，而妈咪现今跟他走在同一条道路上，更让他欢喜心定。其实不只妈妈，凯丞的爸爸杨林宏，也一直站在妻子和儿子的身后，是妻儿坚实的后盾！

孩子的好，反映出父母的努力

二〇一三年初夏，证严上人公开表示："小牛可能会是慈济志业体未来的执行长。"这句话不但让凯丞成为焦点，还让他成为慈济里带有传奇色彩的孩子，尽管美娟极力低调，但一整个暑假，还是有许多慈济人询问美娟如何教养孩子。

孩子的成长与成就，父母与家庭是最大关键，包括凯丞的亲友、慈小的老师，以及静思精舍的师父，大家都认为，凯丞若不是生长在开放的家庭，有开明的父母，可能无法长成今天的凯丞。

德寋师父说："一个有福有贤的人，还是要依报到一对很好的父母，才有很好的成长过程跟环境。凯丞的福德因缘很好，让他生长在一个好家庭，尤其要感谢家里的支持，他的个性虽然是与生俱来的，但如果不是爸爸妈妈思想开明，绝对会被压抑。"

"尊重"是美娟成长过程中的重要元素,就像她成年后与基督教渐行渐远,她的妈妈也没有强制她回归教会。婚后有了小孩,她自然也如此对待孩子,她和杨林宏组成的家庭,三代同堂,气氛和乐,外婆、爸爸、妈妈三个大人彼此尊重的互动方式,是凯丞很好的楷模。

凯丞的爸爸杨林宏是家里五个孩子中的老四,爱读书也会读书,自建国中学毕业后考取成功大学物理系,完成大学学业后出国深造,取得博士学位,在求学过程中,他从未上过补习班,一直坚持读书要自我了解课文内容,而不是靠背题库;与美娟结婚后留居美国,在国家研究中心从事物理研究。工作虽然忙碌,但他非常体贴顾家,家里的大小事,从家庭财务管理、

爸爸杨林宏对家人的支持,是凯丞教育中重要的一环

清净赤子心
小牛杨凯丞与慈济的教养人文

买菜、采购生活日用品,到做家事都一手包办,而凯丞的教养,他信任并尊重太太,放手由美娟做主,他从旁辅助。

凯丞的成长,爸妈没缺席

在台湾亲人眼中,美娟母职上的表现,一如过去她在商场上那般优秀,杨林宏也说,凯丞出生后,初为人母的美娟非常用心,比如凯丞还很小时,她就很认真地念童书给凯丞听,为凯丞的启蒙教育打下很好的基础;等到凯丞一岁半,美娟成为全职妈妈后,更把全部心力放在凯丞身上。"她对教养有一套完整的想法及做法,也会跟我解释为什么这样做,她把凯丞带得很好。"杨林宏说。

美娟认为,教养孩子最重要的是了解孩子的个性,适性引导孩子的学习,事半功倍:"孩子的个性,是要慢慢观察来的",父母及老师都是观察者。

二〇〇二年出生的凯丞属马,因为喜欢牛,小名叫"小牛",巧合的是,凯丞从小动作就慢,他的慢条斯理跟牛也颇为相似。中国有句俗谚"三岁看大,七岁看老",意思是从小时候的言行,可以看出一个人长大后的为人处事,这句谚语用在凯丞身上相当贴切。

凯丞两岁半时上幼儿班,有一天美娟接凯丞从幼儿班下课时,老师跟她说,今天在教室让孩子们用印章作画,几乎所有孩子的画纸都盖满各形各色的印章,唯有凯丞只用一个印章、一个颜色,盖出一条道路,老师觉得很不可思议,直说凯丞是个很有想法的孩子。老师还特别留下凯丞的印章画,给妈妈作为纪念。

幼儿班老师对凯丞在教室从不喧哗吵闹,也啧啧称奇。小小孩学会讲话后,通常是叽叽喳喳说个不停,但凯丞正好相反,他选择聆听,张大着眼睛专注观察。"我常常觉得,他话少,可能就是忙着把什么都听进耳里以及看进眼里。"美娟如此说着。

"先观察再交友"的细腻心

专注的聆听及观察,的确是凯丞的特质之一。

有一回幼稚园中班的席拉老师(Miss Shiela)跟美娟说:"你的小孩像是个智慧长者,但是他却只有四岁大!"美娟当时

凯丞和他的好朋友迦勒

清净赤子心
小牛杨凯丞与慈济的教养人文

不以为意,心想应该是跟同龄孩子相比,凯丞安静沉稳,让老师有这种感觉。直到后来发生"先观察再交友"这件事,让美娟着实感受到,凯丞真的像是一个"老小孩"。

凯丞念幼稚园中班时,有一天放学后他开心地跟妈妈说,他交了一个不错的新朋友,叫做迦勒(Caleb)。美娟说:"很好啊!"没想到凯丞下一句话是:"我观察他一段时间了,发现他是可以交的朋友。"

美娟吓了一跳,小孩子交朋友不都是玩得来一拍即合,合不来就不要一起玩吗?四岁的孩子会这么谨慎?她怎么想都觉得不可思议。

这要追溯回凯丞就读的蒙特梭利(Montessori)幼稚园。他们将课堂上的作业称为"工作"(Job),凯丞说:"我注意迦勒怎么跟其他同学一起做工作,怎么和同学玩,怎么跟老师说话。"他觉得这个朋友可以交。美娟再问凯丞:"你怎么跟迦勒开始交往?"凯丞说:"他做劳作时碰到困难,我主动过去帮他忙,然后我们就成了朋友。"

这个经过深思熟虑后选择交往的朋友,跟凯丞果然很合得来。两个个性相近的孩子,从幼稚园中班"建交"后,到小学四年级迦勒转学前,除了凯丞回台湾读慈济小学那一年之外,两人在学校几乎形影不离。迦勒转学后,迦勒的妈妈艾蜜莉(Emily)希望两个孩子可以定期见面,她说,很难看到凯丞这样正向又习惯好的孩子。一直到现在,凯丞和迦勒还是很好的朋友。

观察、思考、再行动！"慎思"是凯丞除了慈悲之外的另一个特质，妈妈也观察到这项特质，更因此安排适合他的学习环境，让这个特质能"发扬光大"。

量身打造教育方案

凯丞出生后，美娟还放不下在电脑业工作的成就感，因而请全天保姆照顾凯丞，保姆不必做饭，不必做家事，只要负责"陪伴"——陪凯丞说话、读书和玩耍。

凯丞学东西的速度很快，在一岁半时，美娟发现凯丞观察能力强，学习意愿也很高，他似乎期待学习更多新东西，但保姆受限于自身能力，没办法再提供凯丞所需。因此美娟在凯丞快两岁时决定离职，回归家庭自己带孩子，从一个研读电脑产业书籍的上班族，一百八十度大变身为全职妈妈。

做事情很有计划的她，到邻近三个城市的图书馆，借阅了所有与亲子教育相关的书籍，准备替凯丞量身打造一套系统化的教育方案。因为凯丞是独子，除了让他上半天的幼儿班增强人际互动，美娟也为凯丞安排了一系列课程。

"在他三岁之前，我们白天就是按表操课，从游泳课、音乐课、艺术课、欣赏舞台剧及莎士比亚剧、参观博物馆、自然科学体验，到 playdate（家长事先为小朋友约定好的玩乐聚会）。各种课程跟活动排得满满的，他也乐在其中。"图书馆更是他们母子常去之处，凯丞在四岁前，和妈妈一起看了一万多本书。

经过一年多来每天二十四小时的陪伴，美娟非常了解自己孩子的学习特质，但选择幼稚园时还是花了一番心力。比照为凯丞打造教育方案的做法，她再度借阅三个城市图书馆内，所有有关幼儿教育的书，并上网搜集各家教育学派的理论及方法；她为凯丞选择一所全球认证的蒙特梭利私立学校，从幼稚园、小学到初中都包含在内，也就是说，凯丞从三岁进入幼稚园，可以一路读到初中毕业。

精心选择学习环境

蒙特梭利体系强调提供孩子"高度弹性的学习环境"，他们依孩子个人学习进度设计课程，对特别喜爱学习的凯丞来说，可以不受限制地学习，非常适合他。

美娟认为蒙特梭利体系，可以成功地训练孩子自发性学习、团队合作以及自我管理（self-management）的能力。例如，蒙特梭利教学工具一班只供应几套，有的一次只能供一人使用，孩子必须耐心等待前面的同学用完，再轮到自己使用；有的则是二至四人同时使用，孩子必须安排时间找同组伙伴完成工作。

蒙特梭利体系称老师为"引导员"（Guide），引导孩子学习及找答案，由于采三年混龄班（幼稚园三岁至五岁同班，小学一至三年级、四至五年级同班，初中为六至八年级同班，以科目分班），有学习问题时，低年级生可以先问班上的高年级生，而高年级生教导低年级生，一方面可复习过去所学，同时也增加孩子的自信。有的教室为了训练孩子的专注力，还会放任教室宠物自由活动，像是凯丞小学一二年级带回家的作业常缺角或破洞，那是因为他在做作业时，小兔子同时也在吃他的作业本！

凯丞的学校不赞同五年级前的孩子回家做功课，"校长希望孩子可以无忧无虑参加课后活动，父母也不必因为督促孩子写功课而起摩擦。"美娟指出。但是对在上课时间无法专心，放学后又不必做功课的孩子，父母会觉得孩子没有学到足够的东西；有的家长更是受不了蒙特梭利体系"温吞"的教学法。

例如，学校可以花一个上午或一个下午的时间，让幼稚园的小朋友练习倒水，目的只是在培养专注力。这个年龄的小朋友手部肌肉还没有发育成熟，老师准备多种装水容器，开口大小不一，孩子倒水时必须小心翼翼、非常专心，才能准确地把水倒进容器里而不会洒得到处都是。有的小朋友练习倒水，可以花三个小时，老师绝对不会在旁边催促孩子快点，也不会打击孩子说怎么倒水倒了三小时！

三个小时可以背多少英文单词？学校竟然用来教学生倒水！很多家长无法接受这种形态的学习，却没想到孩子从练习倒水中可以学到专注，学到运用手部肌肉，学到控制力道……孩子学到很多，而且从一开始把水大半倒在容器外头，到最后可以精准地把水全部倒进容器中，孩子还获得了成就感。

"我把凯丞摆在蒙特梭利，一直到现在。"从幼稚园起，凯丞的同学一轮换过一轮，美娟看到很多不能忍受蒙特梭利教学法的父母，把孩子从这个环境抽走，因为他们怕孩子学习得不够，输在起跑点上，"有些孩子可能真的需要另一种学习环境，"

美娟说。

对孩子的学习，美娟认为，父母要了解自己孩子的学习特性，凯丞的爸爸杨林宏看法与美娟一致。父母要观察孩子的特质，找出适合孩子的学习方向及方式，杨林宏说："学习方法是一种基本技能，当一个人找到自己的学习方法后，它会一辈子跟着你，日后不管要学什么，只要你有工具在手，随时可以拿出来用。"

让孩子适性学习

美娟认为，如果家庭能力许可，应该尽量提供孩子适合的环境，一旦选定后，就要能忍受旁人各式各样的"建议"。"我也收到很多善意的提醒，但我一直坚持的原因，是因为我看到凯丞的学习方法愈来愈精确，我想这种学习环境及学习模式很适合他。"

美娟说，凯丞从小就很有定性，蒙特梭利的教学方式，给学生足够的时间深入学习，而不是每小时安排特定科目，让他的学习不会只学皮毛，而能深入精髓，加上他自我要求高，不完全了解，绝不罢休。

"这种学习形态，真的让他的本性发挥得更淋漓尽致。"美娟说。老师抛出一个问题，小朋友可能只注重找出答案，但凯丞除了解答，还能深入解释说出为什么，所以即使过了很久，只要讨论到某个以前的题目，他还是能清楚记得来龙去脉。

每次教室有新的学习主题出来时，他都眼睛发亮，不止一位老师跟美娟说过,当看到凯丞眼睛发亮的时候,就知道他非常乐在学习。

凯丞四岁时忽然对泰坦尼克号(Titanic)非常感兴趣,为了满足他的求知欲,美娟借阅图书馆内所有与泰坦尼克号有关的书籍,也到书店购买所有相关的书,还带凯丞看电影、参观泰坦尼克博物馆;他每天在纸上画泰坦尼克号,更动手制作泰坦尼克号的模型。一年后他的兴趣转移到飞机,所有的过程又再来一次!

凯丞刚升上六年级时,前三个月不太适应回家有许多作业,课后不能做自己想做的事,但习惯之后,他之前奠定的基础,让他的学习如虎添翼。"他坚持学习不是为了交功课及考试,"美娟说。同学可能一两个小时就写完的作业,他要花一整个晚

■ 凯丞绘制的泰坦尼克号。观察细微的他,连船身钢板上的铆钉都画了上去

第九章 | 妈妈永远在这里

上,因为每个题目他都力求深入了解,上网查询课本以外的数据,追根究底、融会贯通。

为了不侵占别人的智慧财产权,所有作业他都自制图表,更以3D模型呈现他的理解,也一定告知老师他是在什么网站搜寻到资讯。为了能够自制图表及3D模型,他不断搜寻适用的软件、自我学习,有的3D模型更结合运用六七种软件才制作出来。

美娟觉得凯丞做每一项作业都花费太多时间,"几乎就是大学做学术研究的模式了",但这样的付出是值得的,每到考试,凯丞不必花太多时间复习,就能轻松过关。学校的亲师座谈会,科目老师们也都跟美娟分享,教学多年,没看过学生是如此自动自发的学习,凯丞求知的热忱和谦虚的学习态度,让老师非常赞叹。

生活即教育

凯丞的爸爸杨林宏则认为,学习不见得就只是在学校及教室里。从凯丞懂事起,全家周末例行陪外婆逛街时,杨林宏会"随机教学",例如看到创意独具的橱窗设计,除了纯粹欣赏培养美感,他也会引导凯丞讨论设计者的想法;贩售厨房小家电的商店,更是父子流连最久的地方。杨林宏说:"厨房小家电不断推陈出新,我以小家电的不同操作方法,告诉凯丞它的设计原理以及生活上的其他应用。"例如调味料食盐或胡椒的研磨罐或研磨器,常见的设计是用手转罐子的平行转动法,然而也有一种研磨器是握着把手垂直转动,省力很多,"我跟凯丞讲,汽车转动轴的原理就是这样。"

凯丞九岁时忽然对撰写电脑程式产生兴趣，由于一向支持凯丞的兴趣，杨林宏和苏美娟再度倾力给予协助。凯丞撰写几个软件后，了解到科技的潜力，他希望以后能把电脑作为利众的工具之一。

但爸爸林宏告诉凯丞，如果要做好电脑工程，不能只学电脑相关课程，还要同时学习其他专业科目。举例来说，物理学是自然科学中最基础的学科之一，学物理可学到严谨的逻辑思考及证论方法，还有解决问题的方式，可以帮助凯丞在电脑工程上做得更好。数理原本就是凯丞喜好的科目，他认真思索爸

Jing Si Chinese Phonics（静思ㄅㄆㄇ）软件在苹果电脑 iTunes 的画面

第九章｜妈妈永远在这里　101

清净赤子心
小牛杨凯丞与慈济的教养人文

爸所言后,决定以后大学要像爸爸一样攻读物理。

凯丞的姑姑林宝桂说,杨林宏和苏美娟对凯丞的教育相当开放,当亲子间意见不同时,他们不会强迫凯丞接受大人的想法,非常尊重孩子,而且是有节有度的尊重,而非无限度的宠溺。像吃素这件事,美娟夫妇顺着凯丞的意愿,并不是溺爱,而是尊重孩子发自内心对生命的爱护;不像台湾有些父母所谓尊重孩子,其实是放纵,宠孩子宠得无法无天。林宝桂觉得父母对孩子最基本的责任,是教育孩子要有自给自足的能力,尤其是生活教育上,不要长大后成为社会的负担,这一点杨林宏夫妇把凯丞教得很好。

林宝桂的好友杨瑞珠二〇〇八年带女儿到旧金山考试,曾借住凯丞家。初见凯丞,杨瑞珠犹记得六岁的他,很大方地自我介绍,还拿着他心爱的小牛布偶说:"它是小牛,我很喜欢它,我睡觉时总是抱着它。"凯丞善尽地主之谊,带杨瑞珠母女参观院子里爸爸种的菜,还向他们展示他用乐高积木堆成的台北一〇一大楼。

"凯丞拿东西给你,一定双手奉上,跟你讲话,一定双眼看着你;你拿东西给他或称赞他,他一定说谢谢,家教非常好。他很有自己的思维及想法,有着同龄孩子少见的懂事跟稳重,足见爸爸妈妈的用心。"杨瑞珠说。

凯丞从幼稚园开始读蒙特梭利私立学校,一个月学费平均就要一千五百多美元;但杨瑞珠认为,即使是有同等经济能力的家庭,也未必能教养出凯丞这样善良乖巧的孩子,因为父母是家庭教育的另一个关键。

慈小的老师谢瑞君说，在凯丞家可以看到大人对孩子的尊重。只要凯丞不愿意分享自己的事情，妈妈绝不会越俎代庖说出来，而是等到凯丞愿意说了，再让他自己说；而凯丞有困惑时，妈妈则是很好的老师。瑞君老师觉得美娟很棒的一点是，她每晚睡前都会跟凯丞谈心，聊这一天当中发生开心的、不开心的事，帮凯丞梳理情绪、讨论如何解决问题，让他带着好心情上床休息。

父母是永远的陪伴

陪伴孩子成长本来就不容易，陪伴一个在慈济里"万众瞩目"的孩子更不是简单的事，而证严上人对凯丞的高度期许，让凯丞的成长不再只是杨家的家事，而是慈济这个大家庭的大事。

大家对凯丞期望这么大，美娟当然有压力，"但压力不是来自大家，而是自己，"她说，"我目前的重点，是着重在凯丞的学习及成长，我给他的环境是否全方位，以及如何保持他纯净的本质。"很多人问凯丞，将来是不是会回来台湾读书，但考量到凯丞的学习特质，美娟决定还是让他在美国完成学业，暑假就回到精舍学习："无论未来他要做什么，有实实在在的学识基础和行事经验，都会是一种加分。"

美娟说："走入慈济后，凯丞原本该读该学的还是一样不少，还在因缘俱足下，同步学习'慈济宗门'与'静思法脉'。"

清净赤子心
小牛杨凯丞与慈济的教养人文

德瑳师父曾说,凯丞有他与生俱来的善的因子,这个因子要有福德因缘,种子要有适合的土地才能发芽,"美娟就是凯丞的土地、阳光、水!"

然而,由于凯丞这颗种子落在美娟这片土地上,让美娟的心田,也开出美丽的花,结出漂亮的果,相互依存。无论凯丞以后的路怎么走,美娟只知道:"凯丞在哪里,我就会在哪里!"

第十章 佛法是最圆融的社会学

> 清净赤子心
> 小牛杨凯丞与慈济的教养人文

"以前我总要求凯丞要争取、捍卫自己的权益,别人对他不友善就应该反击,我常常懊恼他不保护自己,现在才了解,凯丞的软不是'软弱',而是'软实力'。小小年纪,他已懂得把佛法运用在人与人相处及人际纷扰上,他比我更清楚怎么保护自己。"美娟说。

美娟过去一直担心,凯丞没有社会经验会被欺负,但凯丞却回应:"佛法就是一种社会经验,而且是最圆融的社会经验。"投入慈济后,美娟回想凯丞在学校的种种作为,不得不承认,其实他才是对的。

与被霸凌的同学做朋友

凯丞四年级时,班上同学常集体霸凌男同学 J,美娟要求凯丞离 J 远一点,免得被连累,但凯丞居然"逆向操作",反而跟 J 往来密切,原因是:"班上同学都对我很好,我跟 J 做朋友,或许同学也会和他做朋友。"果然,后来班上同学也愿意跟 J 成为朋友。

但同学们集体霸凌的对象,却由 J 转移至另一名同学 E,在女同学 N 带头下,学生们集体排挤 E,不跟 E 坐在一起,不跟 E 说话,不跟 E 玩。美娟问 E 被同学抵制的原因,凯丞说:"因为他比较不能专心,会搅乱同学上课。"美娟马上想到下一个问题:"你不会又想和 E 交朋友了吧?"凯丞回答:"我们已经是朋友了!"

美娟心里叹气,又来了,这个孩子实在是说不听。她提醒凯丞:"小心你这次真的会被同学排斥!"凯丞说:"如果我对每一个人都好,就不会被排斥,同学们都对我很好。"

"那你怎么和他做朋友?"

"我上课和他坐在一起,下课和他玩,一起做课堂作业。"

"你上课会不会受他影响?"

"不会,他不专心的时候,我会问他一些上课的问题。"

"什么问题?"

"我会问他,老师刚才是不是说这个?下一题怎么做?我也请他把上课听到的内容打进电脑,我再做整理。"

"这样他就专心了?"

"嗯,他必须专心才能回答我的问题。"

"你打算这样做多久?"

"我没有想过,也不需要想这个啦。"

因为"慈悲没有敌人"。凯丞依他的心意和 E 做朋友,也如他所说,他并没有被同学们排挤。

不拿别人过错惩罚自己

可惜的是,同学还是继续欺负 E。有一天下午美娟接凯丞放学,上车坐定后,美娟开车前循例问他,今天在学校过得好不好?却从后照镜看到他满脸通红,双眼泛泪,不用猜,美娟就知道发生了什么事。"今天 N 又欺负 E 了是吗?"美娟问。凯丞说:"我现在的心情很不好。"

美娟很不高兴地说:"这女孩子怎么这样难伺候,你离她远

清净赤子心
小牛杨凯丞与慈济的教养人文

一点吧?"凯丞没有回应,美娟知道他这次真的很伤心,看来没办法开车上路了,她熄火,等凯丞开口。

过了好一会儿,凯丞说话了:"N 今天在大家面前用很难听的话骂 E,说他令人讨厌,不会有人喜欢他,以后也找不到老婆,干脆死掉算了!"

凯丞情绪很激动,一边说一边眼泪又掉下来:"妈咪,难道她不知道这样说会伤 E 的心吗?"

"那 E 有回应吗?"美娟问。

"他很难过,什么都没说,但我听不下去,我对 N 说:'请你不要再这样对 E 说话了,你这样会伤到他的心!'N 很生气地瞪着我好久。"

"妈咪,我快受不了她了,我一直原谅她,对她好,但是她完全不了解自己在做什么,我真的好生气。"凯丞说。

美娟不知道如何安慰凯丞,依她的个性,不把 N 骂一顿是不会结束的,但加入慈济后,她火爆的性子也比较收敛了,何况此时多说只是火上加油,只好安静等凯丞平复他的心情。终于凯丞又开口了:"妈咪,我好生气,但是你可以开车回家了,谢谢你听我说。"

虽然耽搁了一些时间,但回家路上美娟的心情是平静的,以前她老担心凯丞太温和会被同学霸凌,怎么也想不到,他会这么勇敢地对抗恶势力!

凯丞气过之后,想到上人说过的话:"对自己不爱的或不投缘的人,要能尽量善解,以好的心念去对待人。""生气,就是

凯丞与慈济小学同学参与课堂活动

拿别人的过错来惩罚自己。"他又一次原谅N，期望他的苦口婆心，能让N不再带头霸凌同学。

不是妈妈想的方式才叫保护

"凯丞把佛法用在人际互动上，确实令他不受欺负，原来不是只有我的方式才叫保护。我教凯丞的方式是强制性的、短暂的，用结恶缘来保护自己，只是恶上加恶；凯丞用结善缘的方式来保护自己，这才是正确而且最彻底的方式。"美娟这样解释。

美娟放心之余，也想到之前德蹇师父多次跟她说："凯丞是一个磁场这么正的孩子，你怎么会怕他被欺负？"德蹇师父对凯丞非常有信心，她这个做妈妈的，也应该对孩子有信心！

在德凴师父眼中，凯丞是一个有福德因缘的孩子，负的磁场不会出现在他身上，心术不正的人接触他也不敢欺负他。在社会上，并不是身高体壮或气势凌人就能强过别人，凯丞的心力强、道念强，是无形的一种保护。德凴师父也相信凯丞守得住，不会沾染不好的习气，妈妈不用担心社会败坏会影响他清净的本性。

如同上人所言："善的能量会吸引他人改变"，"地上种了菜，就不易长草；心中有善，就不易生恶"，因为善的磁场能改变环境成为善的环境，进而改变身处其中的人。善的力量，是最好的软实力。

软实力更胜硬拳头

这种软实力，甚至让凯丞有能力化解同学之间的纷争。

凯丞六年级时，有一次上西班牙语文课，一个同学擅自拿了别人的笔去用，被拿走笔的同学很不高兴，找其他同学一起去兴师问罪。没想到拿笔的同学竟然说："我正在用，不能还你。"笔的主人非常生气，陪他讨公道的同学也鼓噪起来，双方僵持不下。

凯丞想到师公上人说过"错的人要向对的人道歉"，所以他就跟来质问的同学们说："对不起，用你的笔用了这么久。"没想到原本很生气的同学冷静下来了，说"没有关系"，一伙人就回去座位坐好。

美娟诧异地问凯丞:"不是你拿的,为什么要替拿笔的同学道歉?""因为他在我们这一组,我们是同一个团队,"凯丞很高兴地说,"笔被拿走的同学本来非常生气,不愿意回位子坐好,我先道歉,他们就消气了。师公上人的话真的很好用!"

美娟告诉凯丞:"上人说的是,'对的人要向不对的人道歉',你弄反了!"这句话的含意是,人与人相处,若各执己见相持不下,即使自己的想法及做法是对的,也要先放下身段向对方道歉,待局面和缓后,再引导对方走回正确的方向。

凯丞不好意思地说:"喔,我记错了,不过妈咪,还是很有用!"

佛法是最圆融的社会学

体育课要进行田径接力赛,老师将全班分成若干小队练习,由于凯丞的扁平足严重,跑步较吃力,所以跑不了多远脚就会开始疼痛。但他前一棒的队友,为了让小队可以得名,交棒时总是心急地推凯丞背部一把,催他赶快起跑,凯丞好几次因同学这个动作差点往前扑倒受伤,他一而再、再而三拜托队友停止这个举动,对方依然故我。

美娟知道后,跟凯丞说:"这样很危险,同学不听,你要告诉老师。"凯丞的回应是沉默,于是美娟提高音量:"听到没有?要不然就离他远一点,不要再和他同队。"这次凯丞回应了:"妈咪,如果我告诉老师,老师会把我们分开,但我不跟他同队,他还是会去推别的同学。"

美娟接不下去了，真是个傻孩子！但她知道凯丞是不忍心其他同学受伤。当前社会乱象丛生，大家各持己见，如果社会上能够多一些像凯丞这样愿意善解、退让、包容度高的"傻子"，纷扰就不会这么多了。这是把圆融的佛法应用在功利社会中，最好的例子。

投入慈济后，美娟自己也深刻体会到佛法的功用："同样的'逆缘'，在慈济，有上人的开示告诉你如何转变逆境，提供不同的思考角度，引导你把所有的逆缘变成'增上缘'，最终你得到的结果是轻安自在。当我不在慈济时，周遭没有'善知识'（引导旁人离恶修善入佛法的人）及时引导，去除不了'我执'，一个心念过不去，所有的逆缘都会变成'恶缘'，不只会怨天尤人，甚至做出极端的事情。"

处理方式不同，结果截然不同，美娟常会想，同样的人事纷争，以前的她会如何处理，现在的她又是如何看待，她就非常感恩上人给予智慧，让她能够在逆境及逆缘中学习与成长。

每每阅读《静思语》里的开示——"原谅别人，就是善待自己。""别人无心的一句话，不要有心地放在心里。""待人退一步，爱人宽一寸，就会活得很快乐了。""看别人不顺眼，是自己修养不够。""君子如水，随方就圆，无处不自在。"……美娟深感上人的每一句开示，都发人深省。把佛法用在人与人的磨合过程中，能化解很多不必要的纷争："当你学会包容，你的心就会宽，人跟人之间互动就更平顺，不会有这么多尖角，佛法真的是最圆融的社会学！"

善缘的力量

凯丞在学校默默行善,有心人还是看得到。二〇一四年年初,某天放学时,他开心地跟妈妈分享:"妈咪,今天我很高兴,艾蜜莉老师(Emily,凯丞六年级的数学和自然科老师)跟我说她希望学佛,问我是否可以和她分享。"

于是美娟问凯丞:"你怎么回答?"

"我先谢谢老师,我说我很高兴可以和她分享,只要老师有空,我随时都没问题。妈咪,我们已经约了时间一起分享!"

"妈咪,我可以把师公上人的书送给老师吗?我希望艾蜜莉老师一开始就有正确的学佛方向。"

与艾蜜莉老师分享上人的佛法精髓

> 清净赤子心
> 小牛杨凯丞与慈济的教养人文

"好啊！上人的英文书我们都有，你拿去送老师。"得知她想学佛，美娟跟凯丞一样开心。

第一次见到艾蜜莉老师，美娟就觉得她身上有着温暖平和的气质，这半年来从凯丞口中了解到，艾蜜莉老师是一位有智慧又用心的老师，凯丞非常尊敬她，而她也很疼爱凯丞。

美娟跟凯丞都相信，只要持续做慈济，善缘的力量就会不断扩散，影响无远弗届。

第十一章 人文教育是最好的教育理念

清净赤子心
小牛杨凯丞与慈济的教养人文

台湾有一个广为流传的育儿谚语——"老大照书养,老二照猪养",意思是新手父母没有经验,因此凡事都战战兢兢、小心谨慎。老大出生后,奉教养书为圭臬,但坊间教养书琳琅满目,学理百花齐放,到底要遵循哪一派?其实每个孩子个性都不同,并不是所有的教养问题都能在书里找到答案,新手爸妈发现教养书也有局限,往往只知其一不知其二,于是老二出生后,就抛开书本,凭着养老大的经验养老二。

亲子教养往往是"当局者迷"

认识美娟的人,都肯定她是一个用心的好妈妈。"我初当妈妈很用功没错,但以前对凯丞的教育只知道追求知识,直到接

从慈济人文教育中学习待人处事

触了慈济的人文教育,才了解原来除了'知识',还要加上'人文素养',才等于拥有'智慧'。父母要培养一个全人的孩子,这两样必须同步。"由于自己的经验,美娟后来对亲子教养有个感想:"当局者迷。"人都有盲点,在子女教养上也难以避免。

凯丞是老大,又是唯一的孩子,美娟真的是照书养。"凯丞三岁前,我对他的教育是'书本式'的,就是书里说怎么教小孩会好、会聪明,我就去做,任何好的我都要他有,我不但照书上讲的做,而且还天天安排课程表。"美娟说。

美娟说,几乎每个父母在孩子小时候,都会在脑袋里为孩子勾勒一幅未来的图像,并努力让图像成真。但父母们都忽略了一点——随着孩子成长,在不同年龄,个性和想法都可能改变。无论其表现超过或不如父母的预期,孩子自己画的未来图像,可能跟爸妈画的完全不同,父母如果执著于自己对孩子的期待,恐怕会失望及失落。

美娟对凯丞的知识学习着力甚深,而凯丞在这方面的发展及表现,可说超出她的期待,唯独个性脾气与待人处事,凯丞达不到妈妈的要求,美娟担心他被欺负,在人际互动这一块,她一直十分担忧。

但后来回想,她慢慢能"放下"这份担忧,是在凯丞就读北加州圣荷西慈济人文学校,又从人文学校到花莲慈济小学之后。"可能是因为我了解到慈济的教学理念及人文理念,也可能是因为发现凯丞在这个环境自在安心,还能学习以'软实力'保护自己,我不必担心他被欺负。加上在慈济他的本质被认同,

清净赤子心
小牛杨凯丞与慈济的教养人文

让他更有自信,所以我开始一点一点地松手,放下我的防备。"美娟这样解释。她庆幸除了有蒙特梭利学校奠定凯丞的学习态度之外,还有"慈济人文"滋养凯丞的心灵。

美娟为人母已迈入第十二个年头,孩子进入青少年,正值荷尔蒙作乱的叛逆期,但她反倒觉得,教育孩子的功课愈来愈轻松。

学习环境败坏令人心惊

蒙特梭利学校的教学能力很强,是优良的学习环境,但学校毕竟是社会的缩影,学生多族裔多文化,加上现在的孩子容易接触到暴力电玩、书籍、影片,早早失去天真无邪,各种"恶"渗入学校,校园早已失去纯净。接凯丞放学时,美娟一边开车一边听凯丞说课堂上发生的事情,常常听得心惊肉跳。

举例来说,英文老师在课堂上念了一篇杀人取乐的惊悚故事,同学听了竟拍手叫好。老师还提到作者写这个故事只赚到三百美元的版税,还患有抑郁症,四十一岁就过世了,凯丞因此警惕自己,现世的果报是可怕的。

有同学看到教室墙壁高处停了一只虫子,有人脱下皮鞋用力朝墙壁丢过去,"砰"一声后,虫子快速滑落到地面上,班上同学则欢呼"打得真准"!

还有一次老师不在,下课后由代课老师带全班分组整理教室,但同学都不把代课老师放在眼里,只有凯丞认真清洗厨房;他的认真正凸显同组同学的打混,因此同学骂凯丞:"你是笨蛋!"（You are nuts!）

美娟感叹,孩子价值观偏差,才会觉得没有人性的残杀"好酷",视打虫子为乐子,更欠缺责任感;他们视生命为无物,心中全然没有"尊重",不尊重自己也不尊重他人。"有时想想,每个月所费不赀地把凯丞送到这样的环境中,我才应该骂自己是'笨蛋'!"美娟说。

从校园到社会,道德风气走下坡,这不但是现今学校教育的失误,更是家庭教育的失败。家庭教育功能不彰,症结在于很多父母不知道如何教孩子,现代教养理论标榜"尊重",但要如何拿捏管教尺度的松紧?"尊重"的界限该怎么划定?

教育没有一定的方法,但有一定的方向

凯丞学业成绩优异,懂事沉稳,因此美娟无论在美国还是在台湾,常常被问到是如何教育孩子的,不少人追问方法细节,但美娟都会强调:"我的方法不一定适合你的孩子。"亲子教育没有标准公式,某一个家庭的经验与模式,并不能全然复制或移植到其他家庭。"虽然教育没有一定的方法,但却有一定的方向。"美娟说。慈济人很幸运的是,证严上人早已指引方向——"爸爸妈妈要做的事,就是给孩子机会接触善的环境,然后全心祝福孩子!"

为什么要把孩子摆在善的环境?美娟的看法是:"因为这样的环境,能培养孩子分辨善恶及思考反省的能力,当他清楚知道何者为是、何者为非,什么是善、什么是恶的时候,他所

有的选择,都是在正向思考下做的决定,他的人生就不会走偏掉。"

当父母无所适从,不知道如何拿捏管教尺寸,也不知道怎么掌握尊重的界限时,美娟说:"你就给他一个善的环境,在这个环境里,让孩子稳稳当当地成长及成熟。而且,把孩子摆在善的环境,无关家庭经济能力,只要有心,每个父母都做得到。"

尤其现在的社会急功好利,一个孩子就算聪慧过人,书读得好,拥有多项技能,可是心智成熟度不够,反而会让他在遇到挫折时跌得很重。如果孩子有正向健康的心态,即使遇到挫折,他也可以承受压力,以耐力渡过难关,这是孩子在善知识"重重包围"下获得的正面影响。

慈济人文就是善的环境

关于教育,证严上人不只是提出理念,还创造应用理念的平台;上人提供天下父母及孩子一个触手可及、正向宏观的教育平台——慈济人文!

"人文是为善的理念,慈济是应用人文的平台,慈济人文给了孩子正向又人性化的生活教育。"从凯丞身上,美娟看到慈济人文把凯丞心灵的根基扎得很稳,"无论他做什么选择,我不必担心。"美娟说。

美娟强调,父母有责任把孩子放在善的环境,这也是父母最基本的义务。然而,当看到孩子待人接物进退有据、勇于任事时,爸妈就应该尊重孩子的选择及决定,也就是要放手。"就如上人一直开导天下所有的父母:'不要操心孩子,要祝福孩子',其中上人所说的'祝福',就是'尊重'的意思。"

华人父母一般很难放手,孩子不好,一定要牢牢看着;但孩子好,爸妈往往也不肯解开绑在孩子身上的那条绳子,父母还是对孩子有期待,并且想左右孩子的每一个决定。其实父母要有一种认知,美娟说:"我既然把孩子放在一个为善的环境,就要让他跟着'善知识'学习、成长,并给予尊重。"

只要有善知识长期给孩子心灵的滋润,稳固他心灵的根基,做父母的其实不必操心孩子;从学校的课业、交友、结婚,选择工作、职场上的人际互动,乃至于遇到挫折,要信任孩子自己可以处理,因为孩子善的根基稳固,他的心很清楚他要做什么样的人生抉择。这就是上人不厌其烦地提醒为人父母者:"无论孩子要做什么,不必操心,只要给孩子很多的祝福。"

学习如何尊重孩子,是所有父母都要做的功课,美娟说:"我自己也还在做功课。"

慈济人文让家长安心

凯丞就读慈济人文学校时,杨林宏曾借着送孩子上学之便,观察老师的教学以及师生互动情况。杨林宏说:"老师很有爱心,而且不只教中文,还适时地加入慈济的人文理念。"从凯丞接触慈济起,杨林宏即不时搜罗国际媒体上有关慈济的报导及书籍,通过第三者的立场及观点,了解慈济的架构、运作及理念等等，他说："因为了解，所以放心孩子待在这样的环境。"

凯丞回台湾读花莲慈小，他也透过慈小网站了解学校活动及凯丞学习情形，隔海陪着儿子上学。凯丞读慈小那年的农历过年杨林宏回台，曾花一天时间在精舍当志工，亲身体会静思精神，印象深刻；而二〇一四年五月下旬一家三口返台后，杨林宏更和凯丞到精舍住一个星期，进一步体验精舍"一日不作，一日不食"的自力更生作息。

"对佛学，我一直觉得它有深厚的科学观，而佛教是以佛学为根基，"杨林宏说。大学时就对佛学有兴趣的他，也曾试着去了解，但可能没有找对门路，他当时的感想是佛学深奥难理解，不得其门而入，也就不了了之。几年前美国家里装设大爱台后，他有时会跟着凯丞收看"人间菩提"和"静思晨语"等节目，发现透过证严上人的口，佛法变得浅显易懂，"上人很有智慧，能够把很多事情用最简单基本的道理解释清楚，而且还能从各种不同角度切入解释。"

对凯丞接触慈济，并以慈济为人生志向，杨林宏尊重及支持孩子的决定，他并没有美娟的忧虑及挣扎。"有什么好烦恼的？待在善的环境，会受到很好的影响，凯丞很有福报，慈济把他的心照顾得很好。"杨林宏说。他在学术界，看过不少出自全球顶尖大学的研究人员，专业程度很高，但道德程度很低，为了争取研究经费，勾心斗角，小动作不断。这些天之骄子在成长过程中，显然欠缺品格教育，以致长出"猫般的爪子"，攻击性很强。

让孩子沉浸在善的环境,不必担心孩子会变坏

"不管凯丞以后怎么走,他在慈济学到的人生观及价值观,对他以后的人生都有很大的帮助,"杨林宏说,如果十几二十年前就认识慈济,"我就可以早一点认识佛法了,凯丞的因缘很好。"

"孩子的智慧是上人教的"

二〇一三年暑假回台,美娟和凯丞跟随上人全台行脚,很多慈济人询问美娟怎么教小孩,上人也曾要美娟上台分享她对凯丞的教养方法。"事实上,我也是在错误中学习,我提不出专家教养宝典,只能告诉大家:'我的孩子,知识是学校老师给的,智慧是上人教的!'我只不过是提供孩子,在妈妈的认知内,最好的学习环境,然后全力配合。"

> 清净赤子心
> 小牛杨凯丞与慈济的教养人文

每当朋友跟美娟抱怨孩子不受教,难以沟通,她都会建议他们,带孩子参加慈济的活动,让孩子浸润在善的环境中,除了父母以身作则之外,还有师姑、师伯的爱。这对孩子绝对是正面的影响,孩子慢慢地也会领悟正确的人生方向;而做父母的如果没办法跟孩子沟通,"那就把家里的电视二十四小时定频在大爱台,让上人直接教你的孩子。"

走入慈济后,美娟才理解,亲子教育其实很简单:"上人早就把答案告诉所有的父母了。"想要知道亲子教育的"窍门",父母只要跟着孩子收看大爱台就可以了。因为上人的开示,蕴含了许多亲子教育专家一再重复的道理,和更多专家学者忽略的法门!

美娟很欣赏美国人权主义者马丁·路德·金的一句话:"教育的方针是教导人深层思考和分辨是非的能力,智慧和品德才是真正教育的目标。"(The function of education is to teach one to think intensively and to think critically. Intelligence plus character—that is the goal of true education.—Dr. Martin Luther King, Jr.)

她认为,上人开创的慈济人文教育,不但跟马丁·路德·金的教育理念相吻合,更是落地生根的最佳范例。

第四部

回归清净赤子心

因为有妈妈的放下及陪伴，让凯丞安心、放心地回到"心灵的家"，追随师公上人走在慈济路上。

凯丞皈依时，上人赐予法号"诚愿"，"愿"的意思为"原心、初发心"，期许凯丞发愿坚守，保持原本清净之心，而凯丞对学佛心坚、对佛法的领悟惊人，他的修为及心得，让众多慈济人看到一颗清澄透澈的清净赤子心。

第十二章

师公上人的小牛

> 清净赤子心
> 小牛杨凯丞与慈济的教养人文

从就读慈济小学三年级、第一次在精舍遇到证严上人开始，凯丞与证严上人就结下不解之缘；如同一般同辈孩子，他尊称上人为"师公"，上人唤他"小牛"，开示时也以"师公的小牛"称呼凯丞。上人如清风般照拂凯丞习法闻法，凯丞用心入法，随师分享闻法心得，小小年纪就承诺替师公上人分担责任，不只发奋学闽南语，还为师公上人研发 Jing Si Chinese Phonics 软件，师徒互动温馨，细微处见体贴的心意。

用功学闽南语，只为听懂师公上人开示

虽然从小学习中文，又回台湾读了一年小学，但二〇一二年暑假再回精舍随师时，一下英文一下中文的交换环境，凯丞的国语程度还是跟不上台湾同龄学生。听没有问题，但说不流利，手写中文也很吃力；闽南语就更不用提了，完全是"鸭子听雷"，有听没有懂。

有一次美娟偶然听师父提起，上人在会客及对弟子们开示时通常是说闽南语，有几次看到凯丞在场，上人贴心改说国语，让凯丞听得懂。"证严上人对一个似懂非懂的小孩子都这样关注他的慧命，充分显示他的慈悲心。"美娟感恩地说。

那（二〇一二）年暑假结束，上人期勉凯丞学闽南语，因此回美国后，凯丞开始看大爱台上人用闽南语开示的"静思晨语"，因为听不懂闽南语，他用心看字幕，对照发音，反复重看，一集二十多分钟的节目，得花两个小时才完成心得。

三个月后，有一天吃早餐时，美娟担心凯丞离开中文环境

太久，没有练习中文会退步，看着凯丞的晨语心得对他说："你可以念出自己笔记上的中文字吗？"没想到凯丞说："妈咪，我用闽南语念心得给你听好不好？"美娟很诧异："你会说闽南语？怎么可能？"但凯丞点点头说："师公上人每天教我！"

"师公上人怎么教你？"

"我看'静思晨语'！"

听完凯丞用闽南语念了一段他对师公上人开示的心得，美娟觉得真不可思议，想到自己有时也跟着凯丞看节目，"上人说的是很地道的闽南语，有点像闽南语文言文，有些词句我都听不懂是什么意思"，美娟说。然而，凯丞因为急切想理解师公上人开示的内容，每天认真用心聆听，短时间内竟然能够听懂及说闽南语！

美娟回想凯丞初学中文时的排斥，"那时觉得凯丞能够把国语学好，我就谢天谢地了，完全不敢奢想有一天凯丞也能懂闽南语，而且是透过上人的晨语开示学会的！"连带的，因为每天书写开示的心得，凯丞的中文也在持续进步。

二〇一一年回美国时，凯丞的堂哥堂姊同行，在凯丞家住了六个月。有一天堂哥教凯丞用注音输入法打字，两三天后，凯丞背下了注音符号在键盘上的位置（国外的电脑键盘上只有英文字母）。虽然一开始打字打得很慢，但经过分享晨语心得不断地勤练，二〇一三年暑假回精舍时，凯丞在 iPad 上打字已经运指如飞；每天凯丞聆听当天还没有配上字幕的闽南语版"静思晨语"，不但句句入心，还能够同步把心得打出来。因此，这一年暑假随师,上人知道凯丞听得懂闽南语后,就不再特别为他改说国语。

为师公上人研发 Jing Si Chinese Phonics 软件

凯丞九岁以前不碰电脑,不是爸爸妈妈不允许,而是电脑屏幕的亮光会让他眼睛不舒服,自己主动跟电脑保持距离。直到九岁时学校要教英文打字,凯丞才开始接触电脑,但因为眼睛容易累,他也只用电脑来练习打字,对一般孩子喜好的电脑游戏他完全无动于衷。但没想到一个从不玩电脑游戏的孩子,第一件软件作品竟然是电脑游戏!

二〇一一年,凯丞九岁那年的圣诞节,在阿姨家看大家在一起玩电动,好奇心大发的他,回家后问了一连串关于电脑游戏的"为什么";美娟从最基本的电脑硬件开始说起,到解释系统软件与应用软件的区别,才解答了他部分的疑惑。完全不了解软件设计的凯丞,忽然决定自己设计一个以"静思语"为主题的电脑软件游戏;为此突发的大愿,美娟花三天工夫寻觅适合新手起步的软件语言,最终凯丞完成"静思语游戏软件",这是他的第一个作品。

有了初步的软件设计概念,凯丞再次挑战自己,他的第二个作品,就是特别为师公上人写的 Jing Si Chinese Phonics。会起意设计这款软件,源于凯丞初随师时做笔记多用注音符号,但上人没有学过注音符号,所以会要求凯丞念出自己的笔记。凯丞知道师公上人一向很喜欢小孩,为了让师公上人也可以念小小孩子们的信件，他决定自制一个学习注音的软件送给师公上人。

凯丞采用熟悉的软件制作平台，完成第一版的 *Jing Si Chinese Phonics*；二〇一二年暑假回花莲时，原本想上呈这款软件给师公上人使用，但他注意到师公上人都用 iPad 处理会务，于是他决定回美国重新来过，以苹果电脑（Apple）的 Xcode 制作平台再设计一次软件，方便日后师公上人运用。二〇一二年圣诞假期，凯丞整整三星期足不出门，自学程序语言并改良软件，有疑问时就请教爸爸，或自己上网找解答。

二〇一三年暑假回花莲，凯丞将第二版的 *Jing Si Chinese Phonics* 软件上呈给师公上人，上人提出几个修正方向，凯丞很兴奋，期待能马上修改。但随师期间行程忙碌，无法写软件，回美国后紧接着又是开学，唯一能用在写程式的时间只有星期假日及寒假，所以凯丞很期待放长假。年底圣诞节假期来时，凯丞摩拳擦掌，因为圣诞假期是他完成 *Jing Si Chinese Phonics* 的大好机会。

Jing Si Chinese Phonics 是凯丞发愿"利众"的起点

第十二章｜师公上人的小牛

> 清净赤子心
> 小牛杨凯丞与慈济的教养人文

圣诞夜隔日,他一起床就动工,一整天下来,除了吃饭、跳绳运动,没有离开过电脑,程序"卡"住时他懊恼,找到解决办法他雀跃,成天集中精神只希望能早点完成,期盼暑假回花莲时可以再次上呈师公上人。没想到改写期间竟又遇上苹果电脑更新操作系统(iOS 7.0),凯丞只能再次重整,加上新机制;他的决心和努力解决问题的精神,让美娟很感佩,也再一次见识到凯丞自学的功力。

从发愿、撰写程式、修改再修改到完成,凯丞花了近两年半时间设计的 *Jing Si Chinese Phonics*,在更换三次软件平台后,终于在二〇一四年一月底顺利上传苹果网络商店(Apple Store),可直接利用 iTunes 下载。凯丞很高兴可以赶在中国的农历春节前完成,作为他给师公上人的中国新年礼物。

令凯丞欣慰的是,*Jing Si Chinese Phonics* 在短时间内已经有不少下载纪录,从台湾、中国大陆、香港、日本、韩国、泰国、新加坡、越南、马来西亚,到美国、加拿大、澳洲、南非、波兰、瑞士、西班牙,全球各地都有人下载试用!

能够完成 *Jing Si Chinese Phonics*,凯丞除了感恩师公上人的鼓励,也特别在他的软件内,感谢慈济人文学校阮雯愉和李淑华两位老师的协助测试和指导。凯丞接下来的目标是再接再厉,写出更多利益众生的软件。

立志用电脑利益众生

现在的孩子一两岁就开始玩平板电脑跟智能型手机,不只伤眼，也局限了学习面向。凯丞因为眼睛问题，很晚才开始接触电脑，美娟觉得是因祸得福！没有太早接触电子产品，反而对凯丞的学习及成长有很大的帮助；更庆幸的是，凯丞是在认识慈济后才接触电脑。或许是冥冥中老天爷的安排，凯丞的守戒思维，让他在使用电脑上网搜寻信息时坚守自律，并且意识到电脑的真正功用，是拿它作为利益众生的工具。

凯丞曾经对美娟说："妈咪，我的电脑和电子信箱没有任何秘密，你可以随时进入，你也不会在我的电脑上看到任何无关协助我工作的软件。"美娟也从来不需要跟凯丞讨价还价上网的时间和用途，甚至没有采用任何监控机制，因为她相信孩子有了根深柢固的正向思维，不但能分辨是非，更懂得如何保护自己。

在学习电脑的过程中，还有一段插曲。凯丞在九岁半生了一场大病后，天生就有色觉异常的眼睛，因病变得更差，甚至无法聚焦，看书时眼睛会很累不舒服。美娟带他就医检查，持续复健半年后，他看电脑竟不再喊累，也因此可以长时间专注设计 *Jing Si Chinese Phonics*。

凯丞最初学写电脑程序的目的，是要制作利益众生的软件，尤其是看到同学们玩的电脑游戏，大多充斥暴力，他更希望市面上给儿童使用的软件不偏向、不暴力，并期待有志同道合、同样吃素的伙伴们加入，合力制作利益众生的软件，一起为人间净土努力。

清净赤子心
小牛杨凯丞与慈济的教养人文

细微处见温情

上人在精舍会客时，影视组皆全程录影，影视组同仁观察到，凯丞随师时非常认真，几乎是把上人的每一句话都听进去了。只要听到师公上人提到"我这里有个小牛"或"师公的小牛"，他会马上起立，诚敬等候师公上人指示；不只对师公上人的召唤及指示放在心中，凯丞还会主动考虑师公上人的需求。

由于自己以前一用电脑眼睛就不舒服，凯丞非常关心身边人的眼睛健康及视力状况。让精舍影视组同仁印象非常深刻的是，二〇一三年暑假，有一天美娟跑到影视组办公室询问，哪里买得到 iPad 的屏幕保护贴？原来是凯丞开始用 iPad 做随师笔记，由于上人随时会抽看他的笔记及心得，但是他的 iPad 没有贴上屏幕保护贴，他很着急，拜托妈妈赶快去买，而且请妈妈务必当天买到，因为他不要让师公上人的眼睛受伤。

刚好随师师父那儿有保护贴，于是先拿给凯丞使用，让他不必心急；但凯丞惦记着这是师父自己要用的保护贴，于是催促妈妈赶快再去买一个还给师父。

同年暑假，凯丞随上人全台行脚，随师师父怕凯丞晕车，上车后安排他坐在车上前面的位置；上人怕他晕车，有时也会把凯丞叫到身边坐，跟他聊天，提点他如何精进学法。随师师父说，上人希望凯丞为这次行脚做一个日志，"凯丞就开始和上人分享，自己如何使用日志软件写日志，而且马上拍照示范如何放上照片。"

尊重师公上人的法相

二〇一三年凯丞随师的心得简报文件很受欢迎，为了方便大家使用，凯丞将档案放上"诚愿静思小站"（http://cowey.org，cowey 是凯丞帮他的牛布偶取的小名）提供下载。美娟上网看简报档时，发现有一张上人和凯丞一起看落叶的照片不见了，她问凯丞怎么回事，他回答妈妈："我换了照片，把原来有师公上人法相的照片换成小树的照片，因为枯叶就是从这棵小树掉下来的。"

凯丞非常尊重师公上人的法相，他觉得每个人都有肖像权，大家都应该尊重师公上人的肖像权，不该随意传播外流。有一次凯丞随师到花莲静思堂参加活动，上人开示结束后，从中央走道离场时，好多照相机一直对着上人拍照，闪光灯闪不停，这一幕让凯丞很难过。他跟妈妈说："师公上人的眼睛会很不舒服，我们最好不要随意拍师公上人的照片，也不要随便使用师公上人的法相。"

二〇一三年暑假行脚到台北时，有一位师姊看到凯丞站在上人身边，急着催促美娟赶快帮凯丞和上人拍照。"很感恩师姊提醒，但我笑着对她说，不用拍，因为凯丞一再交待，只要有上人在就不可以随意照相，我拍了他也会要求我删除。"美娟说。

不随意拍上人美娟可以接受，但凯丞连提供简报文件给精舍的清修士叶秉伦，也坚持拿掉上人的照片，美娟就觉得凯丞

清净赤子心
小牛杨凯丞与慈济的教养人文

有点太执著于法相这件事,于是跟他沟通:"简报档是给秉伦师兄,他自己也有很多上人的照片,你拿掉上人的照片有必要吗?应该没关系吧?"凯丞回答:"师公上人的照片是精舍师父给我用在简报上的,我没有权利把照片再转送出去。"

随师结束返回美国前,因为知道自己会思念师公上人,凯丞很希望有一张师公上人微笑的照片,因为他看到师公上人高兴他就高兴;有了师公上人微笑的法相,他可以时时看到师公上人高兴,他也就会放心。精舍师父们贴心为凯丞准备几个上人微笑的法相图档带回美国;由于凯丞坚持师公上人的法相不能外流,凯丞的爸爸因而购置一台彩色打印机,不必到外头冲印照片,让凯丞自己依需求列印各式大小师公上人微笑的法相!

或许,正如德惇师父所言:"凯丞跟上人过去一定有很特别的缘分",才会在今世,透过佛法的牵引,远渡重洋,建立起从美国北加州到台湾花莲如此特别的"超联结"。

第十三章 最小的随师弟子

"随师行脚十年,各路英雄好汉也看了一些,但能让上人几乎每场开示都会提,而且愈讲愈甜、愈讲愈开心的,大概就只有小牛了。"这是慈济资深志工袁瑶瑶,在二〇一三年七月二十五日所出刊的第五六〇期《慈济月刊》"随师行脚"一文中所写的一段话,深刻描绘出上人对凯丞的看重。

凯丞随师,始于二〇一一年就读花莲慈小三年级下学期时,之后每年暑假皆回台随师,在随师弟子行列中,凯丞颇受注目,因为他个子最小,年龄也最小。

小学三年级开始随师

就读慈小三年级时的假日,凯丞大都在精舍净皂厂帮忙,德寋师父认为凯丞沉稳的个性或可试试随师,于是他请随师师父带凯丞在精舍随师。"我跟师父说,如果孩子坐不住,打个电话,我就去带他回来。"德寋师父说。

随师师父第一次带凯丞去随师时,不免疑惑,这孩子年纪这么小,大人都不一定坐得住,他可以吗?上人有时候讲得比较深,有时候讲佛法,有时候讲大人世界的事情,小孩子怎么听得懂?然而,凯丞不但坐得住,还听得特别专心!

有一次慈济大学举行医学院医学生授袍典礼,随师师父跟凯丞说:"上人要去开示,你去随师要记录。"凯丞说好,而且随师时很认真地记录。典礼结束后,随师师父跟上人说凯丞今天来随师,于是上人问:"今天师公说了什么?"凯丞竟然能说出重点,虽然只是一两句话,但已经做到随师的精神。"随师师父赞叹地说。

凯丞随师都带着笔记本，认真记录上人的开示，那时他中文还不是很好，随师师父看他的笔记，有中文、注音符号、英文，还有图画，"他会很认真地告诉你怎么看，说这是他的小笔记，回去他会再整理。"随师"下课"后，德瘳师父会问凯丞今天上人讲什么，让他口头整理这一天随师的心得。

那年暑假美娟没有跟着随师，九月返美前，她才从师父口中知道，凯丞是唯一随师的小孩。"我很惊讶，我以为如同凯丞的小孩都会去随师，原来凯丞这么有福报。"美娟说。德瘳师父建议凯丞回美国后，以收看大爱台"人间菩提"节目的方式继续随师，同时写心得跟大家分享；回美国后，美娟帮凯丞架设"诚愿静思小站"，把凯丞每日的心得放上去。那时凯丞四年级，放学回家没有作业，有很多时间可以做自己想做的事，于是他每天收看"人间菩提"，每天记录心得并上网分享。

太多法了，不记太可惜

二〇一一年暑假，凯丞不是每天随师；但来年暑假回精舍时，他几乎从早到晚随师，而且每天早上一定到精舍旁听七点开始的志工早会。美娟母子都从住处骑脚踏车到精舍，德悙师父猜想，凯丞大概五点半就要起床准备，用早餐，才来得及旁听志工早会。

考量发育中的孩子必须有充足的睡眠，德悙师父规定凯丞中午一定要午休；但由于美国学校不午休，因此凯丞没有午睡的习惯，师父退而要求他至少闭眼打坐十五分钟。"凯丞都会偷看我有没有在看他，于是我放上人的开示给他听，听累了睡着正好休息一下。"德惇师父说。

凯丞听上人的开示时，德惇师父就静坐，但这十五分钟凯丞究竟在做什么？德惇师父不放心，于是有一次就偷偷看他在做什么，"那一幕让我很感动，凯丞竟然在做笔记！我问他怎么不休息？凯丞不好意思地说：'我听到好多法，想赶快记录下来。'"凯丞觉得不记太可惜，德惇师父感叹，一个孩子居然可以这么坚心向法！

凯丞很喜欢随师，每天早上七点到下午六点，一星期七天都乐在其中，也极力游说妈妈一起把握机会随师学习。美娟曾经跟着随师一整天，不过年少时就不喜欢安分在教室上课的美娟，觉得自己坐不住，还是比较适合在协力厂做志工。随师师父善解美娟坐不住的个性，但还是希望妈妈多学习多成长，偶尔美娟随师一两个小时后，就"放"她自由活动。

凯丞视随师为大事，他不穿短裤也不穿没有领子的衣服，务求仪容端正庄重，否则他觉得是对师公上人不敬。随师师父说："凯丞的规矩非常好，随师时弟子先到会客室，上人进来时，一般大家都站起来恭迎上人，凯丞一定等上人坐定他才再坐下来；下午三点我们会分送小点心给大家享用，凯丞也一定等上人开始用，他才开始用。这么小的孩子，这些礼仪他都懂，在场有些大人还不一定做得到！"

"随师时，凯丞一定专注聆听，心无旁骛。"慈济技术学院人文室主任谢丽华观察到。凯丞对随师这件事非常虔诚，随师的大人有时听到不感兴趣或跟自己无关的话题，不是转头跟旁边的人聊天讲话，就是开小差溜出去喘个气，"但凯丞绝对专注，有时你只是要跟他讲一两句话，他都会示意你，这个时候应该听师公上人说话！"谢丽华说。

上人的肯定

上人曾在开示中叙述凯丞的成长与进步："他八岁那年，看到他手里拿着一本簿子，师公走到哪里，他就跟到哪里，我和什么人说话，他都很用心拿笔做笔记。"暑假结束前，上人问凯丞："看你一直在做笔记，到底有没有写好？"凯丞打开他的笔记给上人看，"我吓了一跳，美国孩子来学法门，从注音符号开始学习，我讲经也好，我跟人讲话也好，他会分析，师公和人讲话的意思是什么、听的人有什么反应，他都记得很清楚，比随师志工写得更好。"

二○一三年返台随师时，上人看到凯丞拿着笔记型电脑，一样也是上人走到哪，他就跟到哪、记到哪，上人一大早开示的晨语，他也勤做笔记。有一天上人问他："师公说的闽南语你听得懂吗？"凯丞说："我很努力在听。"上人又问："你很努力在听，听多少啊？你的笔记拿来师公看一看。"上人看了凯丞记在电脑里的笔记，吃了一惊，"真的早上我说的晨语，他很用心听，一句一句都写下来，文字都没有错，汉文他怎么会写？真是不可思议！"

上人有时还随堂抽考,问凯丞今天师公说的经文意思是什么,"他都一清二楚,真的是很天才的孩子",上人相当赞叹!

跟师公上人全台行脚

二〇一三年暑假,凯丞第三年回台随师,这次随师凯丞首度走出精舍,跟着上人全台行脚。

这一年凯丞六月上旬即回到精舍准备随师,心中很是欢喜,然而,上人安排七月八日至二十四日全台行脚,将有十七天不在精舍。随师师父跟凯丞聊到上人将行脚之事,"我问凯丞,师公上人去行脚的时候你要做什么?"凯丞虽然回答:"在精舍做志工。"但一脸怅然若失、闷闷不乐。师父见状很不舍,问了一句:"那你要不要去随师?"凯丞眼睛亮了起来问:"真的吗?可以吗?"随师师父说:"回家问妈妈。""没想到,美娟来问我,说凯丞非常希望随师行脚,并问随师行脚要准备什么?我当时心想,因为没有孩子全程随师行脚过,万一上人不答应怎么办?凯丞该有多失望!"随师师父说。

眼见行脚的日子一天天接近,随师师父终于鼓起勇气问上人,这次行脚凯丞一起去好不好?"上人说,凯丞还是个孩子,必须要有妈妈陪着。"凯丞跟随上人行脚之事就这样拍板定案,更成为随行弟子中年龄最小的成员。

发愿承担慈济志业

二〇一三年暑假的随师,是凯丞随师三年来,最特别的经历,在师公上人的期许下,他发愿承担慈济志业。

美娟对那一天印象深刻:"我们刚从台北回到花莲,凯丞一进精舍就开始随师,"美娟说。六月上旬,精舍召开慈济全球董事会的前一天,先举办全球执行长营队,上人要美娟和凯丞在会中分享自己在慈济的经验,凯丞分享完后,上人开示时就说:"小牛将是慈济未来全球总执行长。"

为众生祈福,在闻法的路上一步步前进(摄影/林宜龙)

这句话让台下的美娟吓一大跳:"我想在场一定很多人也很讶异,凯丞还这么小,上人就有这么高的期许?"之后全球董事会召开时,上人也再次提起,让更多人对凯丞非常好奇。

董事会结束后,许多人上前问美娟,想知道上人为什么会这样说,但美娟实在不知道如何回答,因为她和大家一样惊讶。她只能分享自己的解读:慈济是众多慈济人做起来的,每个慈济人都承担慈济的志业,慈济才能够永续,这是上人对每个弟

清净赤子心
小牛杨凯丞与慈济的教养人文

子的期许,如同凯丞皈依时即立志为上人分忧解劳。所以当上人说"会等小牛长大来接慈济志业",凯丞也发愿愿意承担。

德悇师父后来问凯丞,知道什么是全球总执行长吗?"凯丞点头,我觉得凯丞不是随便点头的,他真的有把这件事放在心里面。"德悇师父说。后来凯丞随上人全台行脚时,有医师师伯问凯丞以后要不要当医师?他婉拒。上车后,德悇师父问凯丞为什么不当医师,他把答案写在笔记本上给师父看,"原来他已经答应师公上人以后承担志业,如果当医师,每天必须要专心做医师的事情。"

师父们担心凯丞承受太大压力,告诉他,承担慈济志业是他长大、二十年以后的事;凯丞知道师父们疼惜他,不过他很坚定地说:"我现在就可以开始承担。"二〇一三年七月初,谢丽华在一场与慈青的座谈会中问凯丞:"师公上人的期许,让你感觉到的是压力还是称赞?"他回答:"是愿力,有愿就有力!"

凯丞二〇一三年夏季随师日志的第一页写着:"答应师公上人,要帮师公上人承担,做慈济事。说到就要做到。现在就要开始承担。"凯丞说到做到,往后的随师,上人开始要他上台做分享,凯丞也不负众望,一鸣惊人。

第十四章

令人惊叹的心得分享

清净赤子心
小牛杨凯丞与慈济的教养人文

二〇一三年慈济大藏经影片,开场为凯丞以纯真的童音念出《无量义经》经文——"静寂清澄,志玄虚漠,守之不动,亿百千劫;无量法门,悉现在前,得大智慧,通达诸法"三十二个字;接着凯丞手持麦克风说:"因为有学,所以要去学才会通,一定要积极地去学,一定要把握学习佛法的因缘。"影片穿插他向师公上人请法,以及他站在讲台上分享心得的照片。

以凯丞的分享作为影片开场,是因为他对佛法的领悟及心得分享,深获上人肯定。上人称许凯丞虽然才十一岁,但已经能用清净的心闻法,充分体会他说的经,还能吸收、浓缩、简化,用自己的方式表达出来。上人开示时常以"师公的小牛"为例,告诉慈济人精进闻法、度人度己,不分年龄。

以清净心精进闻法

由于每年只有暑假能回精舍亲承师公上人教诲,其余时间只能通过大爱台"远距教学",因此回精舍时,凯丞时时把握跟师公上人请法的机会。

二〇一三年随师,凯丞向上人请教《无量义经》经文的意义。有一天,上人与凯丞在精舍慢行,他恭敬地向上人请法:"'静寂清澄,志玄虚漠'是在很宁静的境界;心灵'守之不动,亿百千劫',心念不能动,维持清净心;'无量法门,悉现在前',是很多法门在眼前,那'得大智慧,通达诸法'该如何理解?请师公上人指导。"

刚好那时吹起一阵风,吹落旁边一盆小树的树叶,上人拾起地上的一片枯叶问凯丞:"这片叶子为什么会这样?为什么跟树上的叶子不一样?"

凯丞回答:"因为枯了,就掉下来了。"

上人开示:"你已经知道这一片枯叶本来就跟树上这一片绿叶是一样的,但是它已经枯黄,所以掉下来了,这就是法。知道了就是法,知道吗?"

凯丞点头。

上人又说:"我说的话你都听得懂,但是你回美国以后所说的话,我听不懂。所以,你通我的话,我不通你的话,为什么?"

凯丞回答:"地方不一样,语言不相同。"

上人:"对,是不同的地方。为什么你跟我在不相同的地

时时把握机会,向上人请法

方,你能懂我的话?"

凯丞:"因为有学。"

上人接续凯丞的回答说:"因为你有回来学,所以你听得懂我说的话;而我没有到美国去,就听不懂你说的话。所以,是不是很简单呢?通与不通,就是要学习。学会了、知道了,就通;不学习、不知道,那就不通了,知道吗?"

凯丞心有所悟,恭谨回答:"知道了。"

上人欣慰点头:"这就是'通达诸法'。"

第一次上台分享,展现大将之风

凯丞把他一次又一次向上人请教《无量义经》经文的领悟,用电脑做了一个心得简报档案,以便和大家分享。他第一次正式上台分享闻法心得,是在某一天的精舍营队活动,上人要凯丞上台分享他了解的《无量义经》,他在台上毫不怯场,侃侃而谈,让在场师父及营队成员既惊讶又折服。他们惊讶的是,一个小学年纪的孩子上台发言,既不生涩又不退缩,展现大将之风;更为折服的是,一个孩子竟能对佛法了解如此透彻,而且发言内容浅显易明。

从这场分享会开始,凯丞整个暑假,无论是在精舍随师,或是后来随上人全台行脚,每天都被上人点名上台分享。德悇师父说:"几乎上人讲几场,凯丞就讲几场。"而且二〇一三年暑假结束回美国前,凯丞最后一次上台分享,还把整个暑假所有听到的法融会贯通做总结。

北加州分会执行长谢明晋(左一)和凯丞于美国总会静思堂对谈分享

凯丞第一次上台分享时美娟并不在场,后来听师父转述,她也很惊讶,因为凯丞是比较谨慎的孩子,见人一向不多话;再者,他的中文程度可以上台吗?

后来美娟到现场听凯丞分享佛法,她也惊住了:"他竟然可以不打草稿上台就开始分享,而且台风稳健,讲得如此平易近人,'人间菩提'里的人事物,当天大爱台的新闻报导,都被他拿来做例子,用佛法解释其因。"

美娟说,凯丞可以如此入法,固然跟善良的天性有关,更重要的是他很用心,无论在精舍随师,或在美国通过影音管道学法,他自小养成的"每件事都要做得精准"的学习态度,都发挥得淋漓尽致,充分了解并融会贯通。德寋师父认为,这是凯丞时时精进，不断累积所学的成果，他把平日看"静思晨语"及所写心得，都记在脑海里面；二〇一二年凯丞回美国前，德𠷈师父将整部《水忏》拷贝至硬盘给凯丞带回美国看，"他很用功，真的熏习了，而且在二〇一三年整个发挥出来，"德𠷈师父说。

凯丞在台上发言流畅，但下台后依旧沉静寡言。美娟说，凯丞把上台分享视为上人赋予他的任务，更是自己难得的学习机会，他认真准备并达成使命，一旦分享结束下台，他就"切换模式"，回到平时腼腆话不多的状态。美娟深怕他压力太大，曾经询问他是否要提早回美国，凯丞回答："我必须把握每次随师学习的机会，回美国我无法学习如此多。"

二〇一三年七月，凯丞随上人行脚，七月二十一日在板桥静思堂分享，凯丞在台北的亲友，包括阿公、伯伯、叔叔、姑姑、堂哥、堂姊、表哥、表姊，以及姑姑的友人杨瑞珠都前去聆听；凯丞信奉基督教的外婆自美国回台探亲，也邀约姨婆前去聆听凯丞分享。对他们来说，十一岁，从来不多话的凯丞竟然可以从容地在上千人的场合，有条不紊地演讲三四十分钟，亲友团大大震撼之余，亦大感与有荣焉。之后多位亲友也开始收看大爱台，更不再对凯丞和慈济的接触有任何意见了。

闻法心得：依对象而变化

二〇一三年暑假，听过凯丞多场分享闻法心得的慈济人，无不惊异他"因材施教"的功力。德惇师父激赏地表示:"凯丞的分享竟然可以依现场对象不同而做变化。"德宸师父更赞叹:"凯丞的分享让人看到他的深度与智慧。"

在出发行脚之前,七月初精舍举办慈青成长营,上人在开示后,点名凯丞上台分享。凯丞拿着麦克风说,他平常都有看师公上人开示的习惯,"人间菩提""静思晨语"对他非常有帮助,他希望哥哥姊姊们一起来听师公上人开示,才能跟得上师公上人的脚步。

稍后一场在花莲静思堂举办的人文真善美团队活动,上人带凯丞前去参加,开示前要凯丞先上台分享。凯丞在分享完自己的心得后说:"师姑师伯,你们都是留史的人,留史是很重要的,因为这是为历史做见证。"三言两语道出人文真善美志工的功能及意义。

行脚途中,上人与慈济荣誉董事举行会谈,结束会谈前,上人要凯丞利用最后几分钟做分享。"凯丞讲得非常好,他对荣董说,捐钱很伟大,但捐钱还能入法的话,更好。"美娟说。当时在场的荣董还赶忙做笔记,记下凯丞所言。

行脚最后一站,在台北关渡慈济人文志业中心,很多静思书轩小志工到场向上人顶礼,上人离开前要凯丞代表师公勉励小志工。凯丞以哥哥的口吻,用小志工听得懂的内容,跟这群小弟弟小妹妹说话。

回花莲前一晚,凯丞应邀在台北关渡园区的小精舍,与小志工分享闻法心得。四岁的小志工佩祺上台时,凯丞立即蹲下

清净赤子心
小牛杨凯丞与慈济的教养人文

凯丞于云林联络处圆缘活动,与嘉义青少年成长班学员分享自己的佛法体悟

平视佩祺,用等高的高度跟佩祺对话,这个举动让在场的小志工家长相当动容。

谢丽华于二〇一三年暑假,数度与凯丞一同参与营队活动分享。令她印象深刻的是,凯丞对远从马来西亚来台参加营队的师伯师姑说:"你们虽然远在千里之外,但只要我们天天闻法,我们的心也依然跟师公上人贴近。"

谢丽华说,依不同对象,用不同的例子来讲相同的道理,基本上是上人的做法,也是她教学时需要用到的方法,但凯丞在小小年纪已经知道这么做,实在难能可贵。

随师笔记：法入心、法入行

凯丞不只说得好，他的随师笔记在慈济人眼中也是"精品级"的分享，学法不但入心，还入到行动中去！

谢丽华在凯丞就读慈小那年就已经认识这个孩子。"凯丞读慈小那年，随师笔记还很稚嫩，但隔年（二〇一二）回来就明显不一样了。"谢丽华说。每次随师下课后，她问凯丞今天学了什么？他已经能自大人的对话中整理出简单但深刻的道理，"凯丞很有聆听及消化的能力，输入再输出后，转成自己的智慧。"凯丞二〇一三年的随师笔记，更让人无法相信，是出自十一岁孩子之手！

"师公上人开示：电线打结，就会很难解开，但是心更不能打结，因为更难解开。但是很多人因为无明烦恼所以心中有结。因为心中有烦恼盖住自己的清净心，所以要修行。但是不怕过错，只怕不改过，应该好好的精进，把握因缘，因为因缘就如云，时时会变形，应该把握当下，恒持刹那，不要因为邪念而'差毫厘，失千里'。"（二〇一三年七月九日，行脚第二天。）

"今天师公上人行脚到台中，师公上人开示'慈济是辛酸苦辣走过来的，以前的一秒，不能回来，但是（当初）那一秒的一念心，却是永恒的'。医师、护士的工作辛苦，却都是守住初发心，知道当初为什么学医，就是付

清净赤子心
小牛杨凯丞与慈济的教养人文

出无所求,感恩尊重爱,这样子的付出、救人,就是一个字,'爱',是无私大爱,当初这一念心不变,永恒,就是使命。"(二〇一三年七月十七日,行脚第十天。)

精舍影视组同仁许雅雯说,虽然每天浸润在听上人开示,甚至有机会接触上人的环境,"但我们都没有凯丞的领悟性,有时候我们听上人说法,这里听那里出,然后下班了,明天再来,凯丞则是每天一定要挪出时间做笔记,"许雅雯说。凯丞的笔记令许雅雯咋舌,因为"句句都是很精辟的上人开示的重点"。

"凯丞整理笔记的方式很特别,他用理科的方法来整理佛学

凯丞以电脑绘图与众分享:闻道不像坐直升机登山,可以一步登天,只能一步一步自己体会

的心得。"许雅雯观察到。凯丞很会归纳整理,连树状图都用上了;他有条有理地列出"慈济宗门"是什么,"静思法脉"是什么,一层一层拉下来,一目了然。"这已经是做学问的人在整理所谓'科判表'的东西。"许雅雯说。从凯丞闻法的态度可以看出,他永远都是准备好,他的人生,应该没有临时抱佛脚的时候。

凯丞的网志"诚愿静思小站"上的《静思日志》,记录的是他闻法的心得,不只拥有众多读者,很多慈济人更是定时"收看",并在凯丞网志分享他们阅读后的心得。慈济人陈慈镇有一次看到凯丞写道:"哪时会发生灾难,不知道。但是我们一定知道,我们哪时候可以布施。"她留言:"千真万确!我们一定知道,我们哪时候可以布施,师姑好喜欢这句话。"称赞凯丞好棒!

谢丽华和谢瑞君也都是凯丞网志的粉丝,常和同事、学生分享凯丞的智慧;谢瑞君还会将凯丞放上网志的学校作业,应用到课堂教学上。像凯丞五年级的自然科学课,写了一个酸雨的报告,她跟慈小学生上课上到酸雨时,就跟学生分享凯丞的报告内容。

一步一脚印,用心菩萨道

对于闻法,凯丞说,师公上人常常以"道路"的概念向大家开示:"经者道也,道者路也。"经不是用念的而已,而是要实践;走在这条路上,必须脚踏实地。一个人要回归清净本性行菩萨道,却不愿一步一步用心学习,就算有方法可以快速学习,也无从体会真实法,所以一定要一步一步往前行。每一步都是一个境界,在境界中体会"善当学习,恶当警惕",用心学习,往对的方向走。

第十五章

向小牛看齐

"跟凯丞接触，与其说是欣赏一个有智慧的小孩，不如说有很多的自省，是对自己不足的反省。"这是谢丽华深刻的感受。凯丞不只闻法精进，他的言行举止及待人处事，都有值得大人省思借镜之处。德寒师父说："与凯丞互动，我从他身上学到很多。"安排凯丞随师及行脚的德惇师父也说："凯丞坚定的学习及柔软待人的心，值得大人警惕！"

随师心得："七个警惕心"

二〇一三年随师行脚，沿途被上人点名分享闻法心得，凯丞因此成为众人注目的焦点。每一场心得分享结束后，都有很多师姑师伯上前赞美与鼓励他，大家喜欢拍拍他的肩、摸摸他的头；有一次还有师姑说媳妇正在怀孕，希望生下来的孩子可以像他一样懂事，让凯丞不知如何接话。

大家善意的赞誉，其实也会让凯丞惶然不安，一路上不断提醒自己不能迷失在掌声中，要"缩小自己"。随着行程的推移，他逐次列出一条条格言鞭策自我，等行脚结束时，他提出了随师的"七个警惕心"：

一、不要想自己是最好的，要想还有进步的空间——防止傲慢心。

二、要在菩萨道再往前走，就要恒持初发心——防止倒退心。

三、师公上人对静思弟子唯一的要求就是清净的心——防止心迷。

四、心要静下来，就要消除杂念——防止躁动心。

五、要用软实力——防止暴动心。

六、不要只想休息，要为时代做见证——防止懈怠心。

七、身形隔千里，心中无距离——保持平常心。

前六个警惕心，凯丞在行脚结束前曾与大家分享；第七个警惕心则是返回美国前，待在精舍的最后一晚，他提出与精舍师父分享。

要缩小自己，是因为"还有成长空间"

凯丞不是在随师行脚时才警惕自己，从他就读慈小、在精舍随师开始，就不时惕励自己；他的谦逊，静思精舍的师父们，这些年来一直看在眼里。

令德惇师父记忆犹新的是，有一次精舍请凯丞跟常住师父们分享他的随师笔记，分享完后师父们掌声热烈，称赞他讲得很好；但回到住处后，凯丞居然哭到连妈妈都劝不停！美娟只好打电话跟德𩃤师父求助，德𩃤师父赶紧到凯丞跟妈妈的住处了解情况。原来凯丞在分享结束后，骑脚踏车回家途中，他想到师父们称赞他的时候，他也觉得自己很棒，有了优越感，这是不对的；他很难过自己起心动念，于是哭得很伤心。

德𩃤师父回精舍后跟德惇师父讨论，该如何消除凯丞心里的不安？后来德𩃤师父找了一个机会跟凯丞说："最近常常有人找师父去分享，我知道其实我的分享很有限，但大家都说我分享得很好，师父为此很烦恼。"凯丞觉得师父的情况跟他相似，于是打开心门跟德䆳师父说，他也正为此情况而苦恼。

德䆳师父说："这样好了，以后有人称赞我们很好的时候，我们就说'还有成长的空间'，这样就不会因为人家的赞美而不安了。"凯丞觉得师父所言甚是，之后面对各方的赞美，他除了合十感恩之外，还会再说一句"我还有成长的空间"，极力缩小自己。

德惇师父指出，凯丞随时随地都在自省自己有没有做不好、做不对的地方。二〇一三年随师行脚时，有一场活动开始后，一名头发染成红色、穿着无袖上衣的女居士匆匆进场，德惇师父与凯丞看到礼佛的场合，居然出现如此时尚的穿着打扮，十分有趣，于是相视而笑。

但隔天凯丞跟德惇师父说，昨晚睡前他觉得自己好像做错事了，那时他不应该笑，德惇师父赶紧跟凯丞说："我们只是觉得有趣，莞尔而笑，并没有嘲笑这位女居士的意思。"凯丞才放下忐忑的心。

"分别智"与"平等慧"

上人期勉慈济人要有"分别智"与"平等慧"，德惇师父说，一般人很难做到，但他却在凯丞身上看到了实践。

美娟说，有一次凯丞随师下课后，她一如往常询问他今天的随师心得，凯丞回答今天师公上人都在谈人事问题，所以他没有心得可以和妈妈分享。美娟觉得上人会客一向有很多人在场，谈话内容并不是机密，说说何妨？凯丞却说："妈咪，别人的人事问题你不需要知道，请不要再问了，我不会说。"不只对妈妈如此，德宠师父和谢丽华主任也都曾遇过如此情况。

凯丞心中有一把尺，能清楚分辨何者能言、何者不能言，甚至何者能为、何者不能为，他都谨守分寸不逾越。

凯丞随师做笔记，常常需要上网查询资料，但他和妈妈在花莲的家无法上网，于是他催妈妈赶快装设网络；但美娟认为，在花莲每天一早起床就进精舍，晚上回家只是睡觉，没有必要装设网络，在精舍无线上网就好。但凯丞坚持不用精舍的资源做私人事情，美娟说不过他，只好替家里装设网络。

凯丞严守分际的坚持，也曾让年长的慈济志工汗颜不已。有一回，一位师姑和凯丞从净皂厂去静思小筑，动身之前，师姑随手从净皂厂桌上的笔筒抽出一支笔带着，结果凯丞跟她说："师姑请等一下，我拿笔去向师父说一声。"师姑把笔递给凯丞，但心中却疑惑他要跟师父说什么？

结果凯丞拿着笔跑去找德宠师父，向他说明等一下需要用笔记事情，能不能向师父借用？在得到师父同意后，凯丞才跑回师姑身边，把笔交还。师姑当场惭愧不已，孩子都懂的道理，她却想都没想到！

美娟说，凯丞从小就如此，连自己家的东西，只要不是属于他的，他一定要得到"所有权人"同意后，才会拿去用。妈妈、外婆跟爸爸都觉得，在自己家不必跟自家人客气，美娟无奈地说："我们告诉他很多次，家里的东西是属于全家的，想用就用，不必问，但他还是坚持问过再用。"

在家如此，在外头就更不用说了。上幼稚园后，凯丞要用教室里的文具物品时，也一定先询问过老师，即使老师明确告诉他，这些东西是班上的公有物品，每个同学都可以自由使用，也改不掉他这个习惯。

在美国上小学后，有一次全班整理工作柜，老师要同学们把柜子里用不到的物品带回家，垃圾则清掉。凯丞把用过的纸张拿去回收桶时，看到一旁垃圾桶内有半块橡皮擦，很脏还缺角，但看起来还可以用一两个月。凯丞把橡皮擦捡起来去问老师："老师，我在垃圾桶看到这块还可以用的橡皮擦，要不要放到班上的公共文具盒让大家用？"老师觉得橡皮擦又旧又小，应该是哪个学生自己不要丢掉的，告诉凯丞不必放到公共文具盒，于是他问，能不能留着自己用？老师说："当然可以！"

凯丞拿着橡皮擦回到座位后还是不放心，希望找到橡皮擦的主人。他想，说不定它的主人并没有要丢掉这块橡皮擦，而是在丢其他东西时不小心一起丢了，也或许是整理东西时不小心掉在地上，别的同学捡起来就拿去丢了……

凯丞发现橡皮擦上面好像有字，只是字迹模糊，他努力辨识，好像是"Jul……"，因为只有半块，字迹到这里就没了。凯丞想，班上只有茱莉亚（Julia）的名字开头是"Jul……"，他拿着橡皮擦去找茱莉亚，顺利找到橡皮擦的主人，也确定了是茱莉亚自己丢进垃圾桶的。凯丞问橡皮擦可不可以给他用，茱莉亚给了肯定的答复，凯丞才放心地把橡皮擦放进自己的笔袋里。

凯丞跟妈妈说这件事时，美娟心想："天哪，要是我的话，老师说'可以'，我就理直气壮收归己有了，哪里会像凯丞想东想西考虑这么多？不过想想，他这样小心是对的，不然误会产生就解释不清；凯丞的用心，的确是对自己最好的保护。"

能清楚分辨是非善恶，这就是"分别智"的表现，而凯丞落实"平等慧"的例子，大家也领教很多。慈小老师谢瑞君说，凯丞从来不愿被特殊化，就读慈小的前三个月，因为课业还跟不上，写中文又慢，常常写功课写到半夜。谢瑞君跟他说少写一些没关系，别的同学中文写一行，他写半行就好了，但他坚持跟同学写一样分量的功课，不肯接受特别待遇。

有时精舍招待客人，晚餐时主桌会多一些菜，大家疼惜凯丞，常会留他和妈妈用过晚饭再回去。德宸师父说，凯丞在主桌吃过一两次后，就再也不肯坐到主桌，因为他发现主桌菜色比其他桌丰盛。他不安地跟德惇师父说："为什么只有我们这桌吃这么好？"德惇师父解释："有客人来精舍，我们不能失礼，要帮客人加菜。"但这个理由无法说服凯丞，他坚持坐在其他桌，跟师姑师伯吃一样的菜。

精舍师父有时会装便当，让美娟跟凯丞晚上带回住处吃。有一天早上凯丞到精舍后，德惇师父问他用过早斋了吗？结果他说太饱了吃不下，因为前一天晚上他吃了两人份的便当。为什么？"因为妈妈又答应跟人家去吃饭了。"凯丞说。所以他要帮妈妈把便当吃完，不浪费食物，也不辜负师父的心意。

清净赤子心
小牛杨凯丞与慈济的教养人文

极力维护妈妈形象

凯丞很爱妈妈,不只希望妈妈走入慈济,他也极力维护妈妈在慈济的形象。

有一晚美娟和凯丞回到住处,发现有蚂蚁,即使凯丞反对,美娟还是用水把蚂蚁冲走。凯丞很生气,把自己关在浴室里久久不出来,美娟只好再打电话给德寋师父求救。经德寋师父安抚开导,凯丞终于从浴室出来,而且不再生妈妈的气。美娟问他为什么不气了?凯丞说:"师父说妈妈很伟大,不管怎么样都不能跟妈妈生气。"

德惇师父知道后很感动,还特地跟上人提了这件事,结果上人跟凯丞说:"是你不对啊,你是不是吃东西时不小心,掉了

美娟与凯丞回应桑迪飓风募心募款,手持募款标语及募款箱,向民众募爱心

屑屑蚂蚁才来？记得下次吃东西要多用心。"凯丞点头称是。美娟知道后，有些懊恼地问凯丞："为什么不告诉师公上人东西是妈妈吃的？不是你做的事情为什么要认错？"凯丞说："我不想让师公上人知道妈妈吃东西也会掉一地。"

凯丞不只爱护妈妈的形象，他"管"妈妈也很严。二〇一三年七月美娟母子随师行脚，日日起早贪黑，身体其实很累；第八天到台中时，美娟疲惫困顿，想找地方按摩放松一下，但凯丞不准妈妈去。他义正词严地说："妈妈，该按摩的人好像不是你，师公上人和精舍师父们那么累，师姑师伯们也都比你累，他们都没有要去按摩啊！"美娟只好打消念头。

律己严，待人宽

在待人处事上，凯丞是标准的"严以律己，宽以待人"。二〇一二年在精舍随师时，一日上人前去慈济大学召开教育董事会，德惇师父跟凯丞商量："开会比较闷，不要去好不好？"凯丞虽然口头说好，但脸上明明白白写着："我想去，带我去"。德惇师父舍不得凯丞失望，还是带着他同行，开会前告诉凯丞："前面开会你如果听不懂，可以去外面走一走，上人要开示时再进来。"但凯丞一直乖乖地坐在会议室，德惇师父衡量会议一时结束不了，于是拜托一名慈大同仁带凯丞在校园内走走。

校园导览结束，凯丞向师姑道谢，但回会议室前感觉不舒服想吐，于是赶紧到洗手间，吐完整理好自己后才回到会议室，没有异状地跟德惇师父说："学校很漂亮，师姑介绍得很清楚。"

清净赤子心
小牛杨凯丞与慈济的教养人文

但那晚凯丞回家后却害怕得一直哭,夜里还做噩梦。原来那名慈大同仁很尽责地带凯丞参观学校,连医学院的遗体捐赠室都带凯丞去看,对于"生死"那么直接地接触,凯丞吓到了。

隔天德悇师父知道了这件事,把凯丞找来,握着他的手开导他,"凯丞的手很冷、抖不停,眼眶还有泪水在打转,显然吓得不轻,"德悇师父说。

德悇师父慎重地告诉凯丞,遗体捐赠室的这些师姑师伯,生前跟着师公上人做了许多善事,往生后也希望能做最后的奉献,"他们都很伟大,他们的大体在慈大都得到很尊重的对待,我们不必害怕,对他们要感恩要祝福。"凯丞的情绪因此慢慢平静下来,但还是好几天后才完全恢复过来。

之后凯丞在精舍看到为他导览慈大校园的那名同仁,急忙跑去跟德悇师父说:"师父师父,我看到那位师姑了。"当时德悇师父想的是:"糟了,凯丞会不会又起害怕的心?"正要想办法安抚凯丞时,凯丞却说:"师父请不要怪师姑。"还拜托师父不要告诉师姑他受到惊吓的事情,深怕师姑伤心自责。

其实事后德悇师父已经和这名慈大同仁谈过,请她找机会跟凯丞互动,去除他那日参观大体室的恐惧,因为"解铃还需系铃人"。"他自己心里受到很大的冲击,却还是为对方着想。"德悇师父疼惜地说,凯丞实在太善良了。

圆融照顾每个人的心

凯丞觉得大家做事都是出于善意,他希望照顾到每个人的善念，每件事都圆满，不要有人受到伤害。芭乐的故事就是一个例子。

有一天德惇师父牙痛，因此婉拒精舍另一位常住师父切芭乐和他分享的好意，但切芭乐的师父说芭乐是软的，极力游说德惇师父吃一片，德惇师父认为芭乐看起来是硬的，他牙痛还是不要吃的好。结果两位师父为芭乐是软是硬，各持己见，这时凯丞刚好经过，切芭乐的师父喊住凯丞，拿一片芭乐给他吃，问他芭乐是硬还是软？凯丞想了想，说："嗯，这芭乐很有弹性！"回答周到又圆融，两位师父都笑了。

随师行脚洗衣服则是另一个例子。上人行脚时，由于随师弟子男女众分开住宿，凯丞跟妈妈分开住，得自己洗衣服。行脚第一天凯丞跟护法师伯们住在男寮，护法师伯都配有无线耳机，美娟因为关切凯丞的情况，多次联系询问，但得到的答复都是："凯丞在洗衣服。"

才一两件衣服要洗一个多小时？美娟很纳闷，到底凯丞会不会用手洗衣服？后来问了凯丞才知道，原来师伯们看他在洗衣服，怕他不会洗，所以前后共有八位师伯，教了他八种不同的洗衣服方法；凯丞担心辜负了师伯们的好意，于是八种方法他各做一次。第三天他高兴地和妈妈分享，他把师伯们教的"窍门"整理成一套综合洗衣方法，可以迅速又有效地把衣服洗干净。

向"小牛"看齐

谢丽华赞叹地说："在凯丞身上真的可以看到很多示范，他

| 清净赤子心
| 小牛杨凯丞与慈济的教养人文

处处显现对旁人的恭敬心跟对自己的自爱心。"

"我们常常跟人家讲谢谢,只是出于礼貌,有时还言不由衷,但凯丞不会;你赞美他、拿杯水给他,其实微不足道,但凯丞一定虔敬跟你谢谢,而且他都以合掌方式表达感恩之意。"这个微小的动作在现今运转快速的社会里,很多人不屑做,他却不厌其烦,谢丽华说:"他对每个人都有虔诚恭敬的心,而他的真诚与专注,让他的合掌特别令人动容。"

谢丽华说,在佛教里,"合掌"就是"摄心",摄心才能够把十方法界收到心中;所谓"精进",就是"不杂",成年人杂念太多,心很容易就散掉了。其实人与人之间的诚恳以待,也是这样一份心的收摄,凯丞合掌感恩的虔敬,让人觉得自己也需要静下心来合掌,收摄自己的心。

二〇一三年七月上旬,谢丽华主持一场慈青成长营活动,精舍师父请她带凯丞同去跟慈青对谈。那时谢丽华把凯丞当小孩看,加上平常在精舍看他不多话,回答问题都要想一想再说出口,以为他不擅言辞,必须加以引导,所以整场对谈下来她说得多,凯丞说得少。

没想到过不久在另外一场活动,即使没有主持人,凯丞不只能独撑大局,还能侃侃而谈!"我那时真是无地自容,即便没有我,凯丞都可以把上人的法讲得很完整,这时才知道,之前我的话太多了。"谢丽华不好意思地说。

谢丽华说:"完全不能把凯丞当小孩看!"她回想主持慈青那场对谈时,凯丞始终微笑着,"有德的人,有时不必开口,一个笑容就让人起反省心。"凯丞的笑容是诚恳的,完全没有嘲讽的意念,反而有包容的味道,"他的笑容反映出我的幼稚,他让我看到自己的不足。"此后,谢丽华常提醒自己,不要急着讲话:"我警惕自己,不要张扬自己来取得尊重,要像凯丞一样,修养自己来获得别人的尊重。"

上人所说的"平等慧",指的是"明知是不好还能善解包容"。人们常有自己不喜欢的人,而且对不喜欢的人,就抱着不要打交道的想法,但谢丽华观察到凯丞并没有特别不喜欢的人。"人一般都很爱自己,但太爱自己就变成自我,心中只有'我',可是凯丞的'我'里面有很多的'你',而且凯丞都觉得对方是好人、是菩萨,"谢丽华说。佛说"众生平等",凯丞真的做到了,所以德宸师父赞许凯丞"慈悲等观"。

"只有拥有一颗清净心才能如此",谢丽华觉得凯丞通透世间理,因为他的心单纯清净,有时回答问题还很有禅味,直指人心。比如与慈青对话时,一名慈青提问:"最近有一个社会案件,一个杀人犯因为杀了亲人而被判死刑,请问小牛师兄,佛教一直说'不杀生',可是他杀了人,那他该不该被判死刑?这个社会应不应该有死刑?"凯丞简洁回答:"做好自己。"还有一次,麦克风没声音,谢丽华把麦克风塞给凯丞,问:"凯丞,麦克风为什么不响?"凯丞也以四个字回答:"因为坏了。"

"问题很不根本,但他的答案很'究竟',"谢丽华说。很多时候,是大人想太多把问题复杂化,大人看到凯丞的清净与精进,常常有很多的反省,也有激励作用,"凯丞的境界很难达到，我们要心向往之。"谢丽华比喻，一个会思考、爱思考的人，如果能去除杂念及恶念，那思考岂不更有效正向？"凯丞是天生就把杂念与恶念过滤掉了！"

充满善知识的人生经书

谢瑞君在慈小担任凯丞一整年的级任老师，她对凯丞的第一印象是，"这孩子眼睛好亮，就是上人说的那种没有被污染，很澄澈的眼神。"四年后，长大的凯丞，眼神依旧澄澈无染，这是清净赤子心的眼。她深感凯丞的存在，就是对自己最好的提醒。"谁能做到像凯丞这样，一整年不跟人家吵架？我们看到他这样的表现，就会起反省心跟忏悔心。"谢瑞君感叹地说。

清净的心，明亮如镜、映照清晰；澄澈的眼，洞悉事理、通达人情。

凯丞曾在随师日志中写下："人人都有一部经，只是这一部经要如何写？就是要看自己。好人生，就是写出很精彩的一部经。"凯丞他为自己书写的人生经书，丰富有内涵，通篇是善知识，页数更是持续增加中！

图书在版编目(CIP)数据

清净赤子心——小牛杨凯丞与慈济的教养人文/邱淑宜著.
—上海:复旦大学出版社.2017.4(2017.6重印)
ISBN 978-7-309-12801-7

Ⅰ.清… Ⅱ.邱… Ⅲ.家庭教育 Ⅳ.G78

中国版本图书馆 CIP 数据核字(2017)第 021984 号

原版权所有者:慈济人文出版社授权复旦大学出版社
出版发行简体字版

慈济全球信息网:http://www.tzuchi.org.tw/
静思书轩网址:http://www.jingsi.com.tw/
苏州静思书轩:http://www.jingsi.js.cn/

清净赤子心——小牛杨凯丞与慈济的教养人文
邱淑宜 著
责任编辑/邵 丹

复旦大学出版社有限公司出版发行
上海市国权路 579 号 邮编:200433
网址:fupnet@fudanpress.com http://www.fudanpress.com
门市零售:86-21-65642857 团体订购:86-21-65118853
外埠邮购:86-21-65109143 出版部电话:86-21-65642845
上海丽佳制版印刷有限公司

开本 890×1240 1/32 印张 5.5 字数 104 千
2017 年 6 月第 1 版第 2 次印刷
印数 5 101—9 200

ISBN 978-7-309-12801-7/G·1684
定价:33.00 元

如有印装质量问题,请向复旦大学出版社有限公司出版部调换。
版权所有 侵权必究